教育部人文社会科学研究青年基金项目
“刑法机能视角下的故意概念与内容研究”
(17YJC820067)

# 犯罪故意概念与内容体系研究

张健一 著

中国人民公安大学出版社
·北 京·

**图书在版编目（CIP）数据**

犯罪故意概念与内容体系研究 / 张健一著. —北京：中国人民公安大学出版社，2021.12

ISBN 978-7-5653-4433-6

Ⅰ.①犯… Ⅱ.①张… Ⅲ.①故意（法律）—犯罪学—研究—中国 Ⅳ.①D924.114

中国版本图书馆 CIP 数据核字（2021）第 258174 号

# 犯罪故意概念与内容体系研究

张健一 著

出版发行：中国人民公安大学出版社
地　　址：北京市西城区木樨地南里
邮政编码：100038
经　　销：新华书店
印　　刷：北京市泰锐印刷有限责任公司

版　　次：2021 年 12 月第 1 版
印　　次：2021 年 12 月第 1 次
印　　张：10.5
开　　本：787 毫米×1092 毫米　1/16
字　　数：167 千字

书　　号：ISBN 978-7-5653-4433-6
定　　价：38.00 元

网　　址：www.cppsup.com.cn　　www.porclub.com.cn
电子邮箱：zbs@cppsup.com　　zbs@cppsu.edu.cn

营销中心电话：010-83903991
读者服务部电话（门市）：010-83903257
警官读者俱乐部电话（网购、邮购）：010-83901775
教材分社电话：010-83903259

# 目　录

# 引 论

纵观近代刑法史，故意犯罪始终居于犯罪治理的紧要位置。秉持行为与责任同时存在原则，犯罪故意[①]——作为故意犯罪的构成要素——也一直凝聚着刑法研究者的学术兴趣。近十年来，学界对犯罪故意的研究呈现出“脱离事实性走向规范性”的特色。

首先，在研究方法方面，从单纯借鉴心理学知识型构故意概念到着力探索故意的规范品质。心理学中的故意聚焦存在论上以知、情、意为要素的心理构造，并主张认知阶段主要解决是什么或者什么事实的问题；评价阶段主要关注有什么价值或有何用处的问题；决策与执行阶段主要关注是否行动以及如何行动的问题。[②] 据此，学界以“认知+意志”为框架构建故意的内容体系。鉴于脱离故意本质无法厘定作为间接故意意志因素的“放任”内涵与外延，漠视构成要件要素也无法准确把握故意的认识对象进而妥当处理认识错误问题，基于规范立场探索故意行为的本质成为近年来刑法理论的热点话题，也成为学术创新的动力之源。[③]

① 文献上有时将犯罪故意简称为故意，本书在同等意义上使用犯罪故意与故意。

② 孟昭兰：《普通心理学》，北京大学出版社 1994 年版，第 475 页。

③ 柏浪涛：《构成要件错误的本质：故意行为危险的偏离》，载《法学研究》2018 年第 3 期，第 136—154 页。

其次，在研究视野方面，从问题性思考到逐步重视体系性思考。故意领域早年间的研究遵循问题解决式的基本范式。诸如因果关系认识是否故意的认识内容、认识错误的处理、对“放任”的解读均未能突破主观构成要件的范畴，略显褊狭的研究视角限缩了研究成果的科学性。近年来，以体系视野重新审视刑法问题的范式深刻影响着犯罪故意的研究。例如，以正当化事由领域的阻却违法事实前提的错误为切入点，反思作为犯罪故意要素的规范违反性认识。① 再如，在主客观归责的宏大视野下审视破解因果关系认识问题的教义学方案。② 以体系思考审视问题思考结论的妥当性，以问题思考反制过度体系思考的次生弊端，正成为深刻影响刑法学研究的新锐范式。

再次，在研究内容方面，引介、消化并有选择性地吸收域外刑法学知识，有力地缓解了刑法学知识结构的封闭性。过往十年可谓中国刑法知识论深刻变革的一秩，刑法知识转型在犯罪故意领域体现得淋漓尽致。例如，21 世纪初，违法性认识似乎与故意的关系较为松散，然而，法定犯时代必须关注，行为的违法性应否成为故意的认识内容。作为解构上述现实课题的工具，源自德、日学界的违法性认识理论被不断提及、反复研究。③ 再如，立足犯罪故意的本质，借鉴域外刑法学知识，或是重新厘定间接故意犯罪的存在范围，④ 或是深刻推动着作为间接故意要素的

---

① 张健一：《容许构成要件错误的教义学困境及其破解》，载《刑法论丛》2019 年第 4 期，第 350—391 页。

② 柏浪涛：《狭义的因果错误与故意归责的实现》，载《法学》2016 年第 3 期，第 97—105 页。

③ 王俊：《法定犯时代下违法性认识的立场转换》，载《现代法学》2020 年第 6 期，第 180—194 页。

④ 李森：《反思间接故意犯罪的存在范围》，载《政治与法律》2014 年第 4 期，第 104—116 页。

“放任”从定义到认定的教义学转型。①

最后，在研究成果方面，得益于学界对司法实务的关注，犯罪故意领域的研究结论更接地气，也愈发有操作性。例如，以重新构建故意的概念及内容体系为基础，有学者重新评价诸如假想防卫、防卫过当、防卫不适时、防卫第三人等防卫行为场域中行为主体的心理事实。② 再如，有学者聚焦司法实践中防卫过当罪过形式的认定问题，基于现代不法理论框架，主张防卫过当与犯罪故意的兼容。③ 上述研究成果既便利了司法实操，也以实际行动恪守了罪刑法定原则。

理论界围绕犯罪故意领域的学术耕耘在开拓未知的同时，也留下了如下疑问：应否并能否站在体系的视野下，厘定故意责任的本质，以规范性研究范式破解故意领域的疑难问题，并形塑故意的要素结构。在必要性维度，毋庸置疑，无论是在德国、日本刑法理论界，还是在当下的中国刑法学界，重具体问题的细化研究、轻体系化思考的趋势已然形成。然而，如若不重视体系思考对零散知识的联结作用，就可能导致相关联的知识出现结构错位。在可能性维度，既然“不是我们的认知必须以对象为准，而是‘对象’必须以‘我们的认知为准’，”④ 建构一种与自然意义上的故意心理态度相区别的有关故意的知识体系就成为可能。换言之，重要的不是行为人主观心理所想决定了什么是故意，而是基于何种规范标准去评价何种心理态度能够被评价为故意。鉴于

① 彭燕、吴俊婷：《间接故意的司法认定》，载《中国检察官》2016年第8期，第3—6页。

② 张健一：《容许构成要件错误的教义学困境及其破解》，载《刑法论丛》2019年第4期，第350—391页。

③ 陈璇：《论防卫过当与犯罪故意的兼容——兼从比较法的角度重构正当防卫的主观要件》，载《法学》2011年第1期，第117—126页。

④ ［德］米夏埃尔·帕夫利克：《刑法科学的理论》，载《交大法学》2021年第2期，第24页。

此，本书首先探索故意责任的本质，进而以其为指导破解故意领域的疑难问题，并将研究结论融入这种意义的体系之中。具体而言，首先探索故意责任的本质；接下来立足犯罪故意的本质违法性认识、因果关系认识、间接故意的意志因素、容许构成要件错误等教义学难题。最后，整合全书观点并展望故意论研究的前景。

# 第一章　故意责任的本质及其基本构造

犯罪故意的本质是决定犯罪故意之所以为犯罪故意而与其他相关范畴相互区别的根本属性。厘清犯罪故意的本质是打造犯罪故意要素的基础。

## 第一节　故意责任的本质

### 一、为什么要承担故意责任

受自然科学因果思维的影响，心理责任论秉持机械式划分事物结构的方法论，将与犯罪有关的主客观情状绝对地区隔开来。“罪责存在于行为人对于行为的主观心理关系。”① 我国刑法理论通说也认为，“故意或过失，乃是认定行为人构成犯罪和应对犯罪负刑事责任的主观根据”②。例如，甲之所以对其持枪抢劫乙的财产承担故意责任，是因为对以暴力方式转移占有他人财产有认知及意欲。然而，这并没有说明为什么甲不能有上述认知及意欲，为什么持上述认知及意欲就要承担故意责任。一言以蔽之，心理责任论只阐明了故意责任的心理对象（事实基础），并将故意视为责任条件，并未触及故意责任的根据（标准）。

---

① 林珏雄：《新刑法总则》，中国人民大学出版社 2009 年版，第 224 页。

② 高铭暄、马克昌：《刑法学》，北京大学出版社、高等教育出版社 2017 年版，第 104 页。

现代刑法的根本任务是妥当解决归责问题，归责即将行为及结果作为行为人的作品归属于行为人。其中，故意归责的事实基础在于行为人（借由因果力）支配了犯罪进程。然而，并非所有支配了因果进程的情形都要归责。归责以目的为导向，没有目标的归责是无处安身的“幽灵”。故意归责的目的在于通过回应行为人敌对规范的举止，维护公众的规范信赖。从规范责任论出发，一个能够分辨善恶并有机会弃恶从善的人，执意实施恶行，就是摆明了对抗规范。规范倘若不予以回应，作为规范基础的社会共识将不复存在。可见，故意归责的根据在于行为人敌视规范保护价值的人格态度。在上例中，甲之所以对其持枪抢劫乙的财产承担故意责任，是因为通过暴力方式转移占有他人财产有认知及意欲，彰显出其敌视人身权、财产权的人格态度。

## 二、间接故意的难题

如果说甲之所以对其持枪抢劫乙的财产承担故意责任，是因为通过暴力方式转移占有他人财产有认知及意欲，彰显出其敌视人身权、财产权的人格态度，那么，在枪法不好的丙已经意识到子弹可能击中仇人丁也可能击中无辜的戊时，仍决意开枪杀丁却打死戊的案例中，无论如何不能肯定丙存在敌视戊的生命权的人格态度。在放任结果发生即所谓间接故意时，主观归责的根据又是什么？

在积极追求结果发生的意志类型中，行为人的目的（意欲）主导认知。例如，“想杀人”的意志支配了“认识到行为可以剥夺他人生命”的认知，而非相反。与积极追求结果发生的意志内容不同，放任结果发生的行为人对于该结果并无目的追求。毋宁说是认识到结果发生的可能性提供了行为选择的契机。正因如此，关于间接故意，德国刑法理论一直有所谓认识说（意志要素不要说）与意欲说（意志要素必要说）的争论。第二次世界大战后，借鉴客观归责理论中的风险法理，认识说以可能性说、风险说等面目重登学术舞台。[①] 在英美法系，蓄意、轻率和疏忽反映了刑法上罪过的不同程度。行为人认识到结果发生的危险是轻率（包括间接故意与

① 许玉秀：《主观与客观之间——主观理论与客观归责》，法律出版社 2008 年版，第 78—86 页。

过于自信的过失）行为的主观要素，构成了是否轻率的前提。[①] 我国刑法虽然将放任作为间接故意的意志因素，但未进一步阐释何为“放任”。于是，学者们不仅争论何为“放任”，还热烈争论放任是否包括情感因素。[②]

在本书看来，所有争论的根源在于间接故意独特的事实构造，误导了人们对认识与意志因素关系的认知，这其中，情感因素不时以“搅局者”面目示人。现代心理学的研究表明，知、情、意是人类行为的基本心理构造。其中，认知阶段主要解决是什么或者什么事实；评价阶段主要关注有什么价值或有何用处；决策与执行阶段主要回答是否行动以及如何行动。[③] 在直接故意中，情——意——知是行为主观面的基本构造。

在间接故意中，行为人认识到行为危险性之后，可能产生复杂的情绪体验如不高兴、不情愿或者无所谓，但无论如何做出了行为决定，情感因素既非必然出现，也无法左右行为决意。[④] 首先，行为人对危险的认知无法构成故意罪责的充分必要条件，否则为什么不处罚有危险认知但放弃了行为的主体呢？其次，无论该行为决定是否直接指向最终的法益侵害，均无法否认行为人并未在可能的法益侵害面前产生抑制行为的反对动机，在规范评价上都是做成了侵害法益的决定。德国刑法理论中的意志要素不要说，本质上都是意志要素必要说。例如，可能性说认为，故意过失的区别在于有无行为客体具体危险的认知，所有过失都是无认识过失、间接故意的行为人认识到了发生结果可能性。然而，行为人积极追求结果的发生，但是由于能力有限，对结果发生仅仅具有抽象危险的认知。此时，如何主观归责？如果认定为故意，行为人对结果发生并无具体危险认知；如果认定为过失，与德国刑法理论中的“意图”相冲突。事实上，可能性说是以对客观存在具体危险的认知为条件试图推定行为人对结果发生的“容认”态度。如非如此，过失是无认识的过失，故意是对具体危险的认知，认识

---

① ［英］J. C. 史密斯、B. 霍根：《英国刑法》，李贵方等译，法律出版社 2001 年版，第 63—75 页。

② 刘为波：《放任包括不希望的态度》，载《法学》1999 年第 11 期，第 44—45 页。

③ 孟昭兰：《普通心理学》，北京大学出版社 1994 年版，第 475 页。

④ 可见，间接故意才符合知——情——意的基本心理构造。将间接故意作为基本故意类型的观点有着深刻、坚实的心理学依据。

到抽象危险何以不予规制？再次，情感因素是一种内心体验，这种体验纵然可以对意志行为产生影响，然而，行为总是意志行为，意志不仅对行为有调控能力，而且具有对情感的调控力。是否选择实施达到结果的行为就是由意志（即怎么办）而非情感（即怎么样）决定的，刑法评价的对象也就不是情感而是意志。可见，间接故意心理之所以被作为归责对象，是由于行为人做成了侵害法益的决定，这种决定的背后是行为人蔑视刑法保护价值的人格态度。

综上，作为归责对象，直接故意的本质在于行为人敌视刑法保护价值的人格态度，间接故意的本质则是行为人蔑视刑法保护价值的人格态度。

## 第二节　情感因素的地位与价值

### 一、情感并非犯罪故意的要素

#### （一）学说诸相

现代心理学的研究成果表明：人类行为心态由知、情、意三者构造而成。其中，“情”即情绪或者说是情感。① 认识过程是对客观事物或事件本身属性的加工过程，它们反映着事物、事件本身所具有的感性的或理性的特性。意志过程是认识活动的能动方面或自觉的调节方面，是认识活动的延伸。……情绪是以主体为中介的一种心理活动形式。主体，在此主要指主体的愿望需要、渴求的欲望、追求的目标等倾向而言。②

我国刑法理论的通说将故意视为认识因素与意志要素相统一的事实，并没有停止学界对情感要素作为故意要素的探讨。事实上，对间接故意意

① 我国心理学者认为，情绪代表着感情性反映的过程。情感是指对事物社会意义在感情上的体验。无论情绪或情感，指的乃是统一过程和同一现象。只不过心理学对感情性反映的研究，侧重在它们的发生、发展的过程和规律，因此较多使用情绪这一概念。因此，本书也在同一的意义上使用上述概念。参见孟昭兰：《普通心理学》，北京大学出版社 1994 年版，第 389—390 页。

② 孟昭兰：《普通心理学》，北京大学出版社 1994 年版，第 387 页。

志因素存在与否的争论是与间接故意有无情感因素的分析同时展开的，否认间接故意意志因素的学者认为："只有直接故意才有意志因素。间接故意和轻信过失没有意志因素，但有感情因素。"① 也有学者指出，间接故意不仅有意志因素而且有情感因素，换言之，放任既是间接故意的意志因素又是情感因素。② 大陆法系刑法理论对于故意要素的研究同样无法回避情绪性要素，持容认说的大塚仁教授将情意性要素作为与认识要素并列的故意要素，并认为："作为其情绪的、意思的要素，一般地要求其达到意欲、希望实现犯罪的程度，就是不当地缩小故意成立范围之嫌。因此，行为人对实现犯罪加以认容时，就可以肯定其故意。"③ 随着动机说在日本的流行，容认说关注情绪要素的做法受到批判，例如，有学者就对容认说提出质疑并认为："与犯罪实现意思并无关系的容认这种行为者的情绪的态度并非是必不可少的。"④

（二）立场及其理由

作为犯罪评价核心要素之一的故意不能承认情感的要素地位。理由如下：

首先，如果能肯定——行为人实现某个目的的意志超越了其他想法并且不得不容认其"不乐意、不喜欢"的结果发生——这种情形的存在，由于行为人对容认的结果在情感是厌恶的，这里的容认就含有"虽然不喜欢，但还是接受"的成分。换言之，可以肯定"容认"含有情感成分。德

① 储槐植：《论刑法学若干重大问题》，载《刑事一体化与关系刑法论》，北京大学出版社 1997 年版，第 389 页。相似观点参见刘为波：《放任包括不希望的态度》，载《法学》1999 年第 11 期。

② 李兰英：《间接故意研究》，武汉大学出版社 2006 年版，第 62 页。

③ ［日］大塚仁：《刑法概说》，冯军译，中国人民大学出版社 2003 年版，第 209 页。

④ ［日］野村稔：《刑法总论》，全理其、何力译，法律出版社 2001 年版，第 174 页。

国著名的“皮带案”是上述情形的典型代表。① 在该案中，甲乙一再试图在丙不反抗之时捆绑被害人的举动以及预见到勒住脖子这样的行为具有致人死亡的危险性的事实相结合，反映出行为人“不乐意、不喜欢”结果发生的消极情感体验，但在认识到行为致人死亡危险性的情形下为了取财继续实施危险行为，则体现出行为人对结果发生的关注已经被取财目的代替。

其次，如果能肯定——行为人即便认识到行为导致结果发生的较大可能性仍然不去回避结果的发生，并且行为人本身对结果发生是没有任何情感体验的——这种情形的存在，就等于肯定间接故意中并非以情感因素为必要。既然情感是“人们对于某种事物是否符合人的需要和欲望而产生的心理体验”，② 如果行为人没有需要和欲望就不会产生这种体验。具体到间接故意中，行为人是为了追求一个主目的而实施行为，并且对于行为可能造成的附随结果是容认其发生的心理态度。行为人对于作为附随结果的外在对象状态的改变完全可以没有需要或者欲望。③ 或许会有如下的疑问：行为人虽然对附随结果没有欲望，但是对于追求的结果当然具有欲望。然而，无论是放任还是容认，都是针对结果而言的，既然在此讨论的是对放任的结果是否有意欲，就不能用追求的结果将其置换。举例说明：行为人患有淋病并且被医生告知高感染率（阴道性交感染率约为50%），但仍与

① 被告人甲和乙决定抢劫共同的熟人丙。一开始，甲提议通过用皮带勒住丙以压制反抗进而事实转移财物，甲乙二人均认识到这种方式可能致人死亡。之后，乙考虑到勒住丙有致人死亡的可能性，遂提出用沙袋砸昏丙，并得到甲同意。甲乙二人认为如果用沙袋打被害人的颅骨，应该不会造成严重伤害。事发当天，甲在乙不知情的情形下带了皮带以防万一，乙则将沙袋放入裤带中。行为当时，乙在甲在场时用沙袋猛击丙的脑袋，行为无效却引发丙与乙的厮打，甲摔倒在地并拾起皮带。甲乙二人合力将丙勒住，其中，甲用皮带套住丙的头，乙摁住丙的双臂。继而，甲乙各执皮带一端全力拉紧，直到丙双臂下垂，全身沉在床上。于是，二人开始捆绑丙，但是，丙又坐起，乙在背后压住他，甲重新勒住丙直到丙不再动弹，无任何声音。乙发现后，让甲住手。甲停手后，二人将丙绑好，等找到财物之后，才开始怀疑丙是否还活着，经过努力，也没有唤醒丙，二人遂离开现场。参见［德］克劳斯·罗克辛：《德国最高法院判例刑法总论》，何庆仁、蔡桂生译，中国人民大学出版社2012年版，第14页。

② 李兰英：《间接故意研究》，武汉大学出版社2006年版，第53页。

③ 这种情形与无所谓还不一样，无所谓还是具有心理体验的，但是行为人在此完全可以不去体验。

情妇甲在没有防护措施的情形下完成性行为，行为人对性满足是追求的心态，但是，他对情妇感染淋病这种身体伤害的结果并没有任何的顾虑，换言之，行为人为满足性欲而放任了伤害结果的发生并且行为人并不去考虑、体验伤害结果的发生给情妇带来的心理感受。

再次，一旦发生意志行为，情感因素（即使完全对意志起作用）也被支配行为的意志完全彰显（即被完全以目标导向下的意志所彰显）。情感不过是一种基于主体需要对客体情状满足关系的反映和体验，这种体验即使成为意志的原因也不能被“希望”“放任”所涵摄。“希望”“放任”都是针对结果，而情感作为体验这种结果对主体需要的一种满足。

最后，无论是希望还是放任，无论是作为单纯的意志因素还是也包含情绪内容，必须能够容易描述，否则不利于司法适用。情感因素作为一种非理性的表现形式，具有复杂、波动、突发的特点，这就决定了难以对情感做出描述。既然无法通过外显行为准确描述，就应当基于防止司法擅断的考虑避免将其纳入故意的要素体系中。此外，刑法作为社会规范，与之相对的责任应当是从规范价值、规范立场出发的责任。现代刑法理论所据以建构的基础是（相对）自由意志理论。行为与规范是相对的二元主体。与行为主观面对应的是规范命令的履行义务以及履行义务的可能性。义务的普遍性与客观性决定了以主体需要为转移的情感不能被过多关注，否则主观的个人责任原则就成了“个别责任人”的原则。作为规范效力基础的普遍性和权威性也就不复存在了。

## 二、对情感要素必要说的若干回应

将情感作为故意必要因素的学者往往（但不绝对）是首先否定间接故意存在意志因素，进而再论述放任是一种情感要素，因此，对此说的回应无法避免对间接故意意志因素的回答。

第一，间接故意是一种拟制的故意，应当从规范责任论的立场考察间接故意的意志因素。对于间接故意的意志因素，有一种看法是这样的：“意志是自觉确定目的并据此支配行动的心理活动，意志对行动的支配和调节作用表现为发动和制止两个方面。前者是推动人们去从事达到预定目的所必需的行动，后者是阻止不符合预定目的的行动。目的即希望实现的结果，是意志的基本构成内容。缺乏目的的心理现象不能成为意志。据此，只有直接故意才有目的，也才有意志因素。”① 不得不承认的是，按照心理学对意志的研究成果，间接故意确实不存在存在论意义上的犯罪意志。可见，这种观点是有适当的心理学基础的。然而，“现代心理学是在以人为主的思潮下诞生的。现代心理学的特点之一就是排斥形而上学，意图以自然科学的方法来研究人。简单回顾现代心理学发展的一百多年的历程，我们发现，心理学家对于心理学的研究成果只是针对真理的探究，而不涉及道德、价值、政治、法律的立场”②。与价值无涉的心理学不同，近百年来刑法学的发展呈现出的正是价值因素不断被植入的历史图景。从心理责任论到规范责任论的进化背后正是新康德主义价值哲学的影子。与心理责任论将心理事实与外在行为的因果关系这一存在论的事态作为责任根据不同，作为通说的规范责任是从规范与主体的二元价值关系上透析责任本质的，即与其说责任的追究是源自心理事实与外部事态改变的因果关系，不如说是来源于行为人对刑法所保护价值的对立态度。如果不将规范要求植入罪过形式中，无认识的过失恐怕就没有处罚的合理性了。与之相似，放任作为间接故意的意志因素也具有拟制的性质。申言之，放任本不存在目的导向，但是，在面临自己可能创设的危险流程中，规范的要求是尽力回避自认为能够现实化的危险，否则就要承担不利的法律后果。在这里，尽管在自然的概念上，行为人并不存在实现所追求结果之外危险的具体目的，但是，在因自身行为创设出的危险面前，不干扰功能的发挥就是对规范义务的违背：自然概念上的“无”，在法益保护原则与控制原则的双重支配下，成为规范概念上的“有”。一言以蔽之，间接故意是一种拟制的故意，应当从规范责任论的立场考察间接故意的意志因素。

第二，有学者认为：“间接故意的心理过程被阻断在情感过程，欠缺意志过程，相对于一般的行为心理而言，是不完整的。——将直接故意行为（主行为，包括合法行为和一般违法行为）的心理和放任心理作一比较，我们将很容易地发现，放任的实质在于，行为人为了实现主行为目的，而听任主行为可能引起的附属结果的发生，尽管该附属结果的发生不

① 储槐植：《论刑法学若干重大问题》，载《北京大学学报》（哲学社会科学版）1993年第3期，第61页。

② 李兰英：《间接故意研究》，武汉大学出版社2006年版，第32页。

是行为人所希望（甚至是希望不要发生）的。这反过来说明，行为人对附属结果的放任心理并没有影响到行为人实施主行为的意志心理。主行为依旧按照其原来的设想进行下去。也就是说，放任心理并没有发展为意志活动，主行为所产生的附属结果与行为人的放任心理并不存在因果关系，而附属结果的原因应从主行为的心理中去找寻。在此，笔者有必要指出的是，因果关系和行为人对附属结果发生与否的态度是不同的，否认放任心理和实际上发生的附属结果之间的因果关系，并不等于否认放任的态度体验本身。”①

上述论证存在诸多疑问：首先，正如上文所述，间接故意很可能没有情感心态，即行为人对附随结果可能没有心理欲望。其次，认为放任心理没有影响到行为人实施主行为的意志心理，是想当然地把放任解释为情感因素，而不是将解释放任为什么是情感因素作为目的。再次，主行为的发展并不能说明放任心理没发展为意志活动。这里不仅存在将放任想当然地认为是情感的问题，而且存在将情感没有对意志产生作用误解为放任心理没有发展为行为。最后，按照论者的逻辑，对附随结果主观归责的原因在于主行为的意志，同时，放任心理没能对主行为意志产生影响，那么，间接故意的“放任”就不是处罚间接故意的依据了。处罚间接故意来源于主行为意志，如果主行为意志不可罚，反而处罚间接故意，如果主行为意志可罚，同时处罚间接故意，是否重复评价？论者最后的话像是自我辩护：既然放任心理和附随结果无因果关系，那么这里作为态度体验的放任是否是处罚根据呢？如果是处罚根据，那这种处罚根据是来源于因果关系还是来源于拟制？

第三，有论者认为：“放任心理被阻断在情感过程，而没有绵延到意志过程说明了不存在放任意志，因而也不存在放任行为。放任只是对可能的（必然的）结果的放任，放任行为是一种拟制的行为。”② 在此，论者首先避而不谈为什么放任心理是一种情感。更为重要的是，不存在放任意志，那么处罚的根据是所谓的放任情感？既然承认这里的放任行为是被拟

① 刘为波、牛克乾：《放任的心理定性》，载《政治与法律》2002 年第 4 期，第 31 页。

② 刘为波、牛克乾：《放任的心理定性》，载《政治与法律》2002 年第 4 期，第 31 页。

制的，那么，这里的放任情感就是处罚根据，是放任情感推动了放任行为。然而，情感是通过意志影响行为，如果如论者一样不承认间接故意有意志因素，那么就存在双重拟制，一是放任行为，二是放任情感支配放任行为。但是，这又存在问题：情感是一种心理体验，反映的是主体与客体之间的关系，并且以主体需要为转移，但是，行为的处罚反映的是行为与规范的关系，并且以对规范的态度为核心。将以主体需要为重心的情感作为处罚根据而不考虑行为人对规范的态度是不合适的。

## 三、情感在间接故意认定中的作用不容小觑

情感——虽然不能取得故意要素的地位——但是，仍然在间接故意认定中占有重要的地位。故意的认定是将主观内容见之于客观的过程。在此过程中，除了不可避免地将行为的客观面作为主观面的投影予以“深加工”以外，还必须面临意志因素的证明问题，这是因为，一般而言，如果说认识内容还可以基本上被外在行为所圈定外，意志因素则面临着如何认定的问题。

事实上，在可能成立间接故意犯罪的情况下，行为人对结果是否真的会发生往往（但并非总是这样）有一个判断的阶段。在查明行为人对是否发生结果做出了判断之时，如果行为人流露一种厌恶情绪或者是无所谓情绪，由于这些情绪不会发生在直接故意即行为人积极追求的主目的上，而且行为人如果是轻信过失也不会产生厌恶的或无所谓的情绪，那就证明行为人已经对附随结果发生的可能性做出了肯定性的判断。如此，将行为人对结果发生的心理态度认定为“放任”就是合理的了。如果行为人流露出兴奋的情绪，那么，行为人对于结果——主要目的或者附随的结果必居其一或二者兼具——都是一种直接故意的态度或者仅存在一种直接故意的态度。这是因为，如果行为人流露出积极的情绪，加之对行为导致结果发生的可能性做出判断，那么，对于主目的所对应的结果当然是一种积极情绪（认定犯罪还要考虑行为的客观不法），对于主目的的附随结果，本来一开始并非在其行为计划之内（故对附随结果无间接故意），但也不能排除转变为追求而表现为积极情绪。

## 第三节　本书的问题意识

既然犯罪故意的本质在于行为人对规范保护价值的对立态度，那么，为这种人格态度提供支撑的心理事实即成为审查故意的关键要素。虽然“认识+意志”因素的审查框架已被广泛认可，但其内部要素则众说纷纭。作为犯罪故意领域的热点、难点问题，违法性认识、因果关系的认识、间接故意的认定、容许构成要件错误，虽是老生常谈，却也历久弥新。在明确故意“认识+意志”的基本结构基础上，妥当解释上述问题，就厘定了故意的内容体系。解决上述问题的教义学方案离不开对其根源的探讨。在本书看来，造成这种现象的原因虽斑杂却不难梳理。

### 一、刑法知识论的转型升级

新千年以降，域外刑法理论的引介与客观辨析引发了刑法知识的转型运动。奠基于哲学思潮、饱含解释张力、切中实务脉搏的刑法教义学不仅在理论界，更是在实务领域引发热议。作为犯罪论基础要素的故意，恰恰是这一学术史进程的深度参与者。

例如，关于违法性认识，20 世纪的通说站在故意说类似的立场否认了其故意要素的地位。近些年关于违法性认识的争论则是立足责任说，反思违法性认识可能性是否是责任要素、违法性认识在（行政犯领域）是否应当作为故意要素、违法性认识与故意认识对象的界限等问题。①

### 二、司法场域的生动实践

在诸如大学生掏鸟案、河南农民拔草案、妨碍公职人员依法执行职务等案件中，判断行为是否符合客观构成要件自无疑难，争议聚焦于主观构

① 马荣春、陈志颖：《违法性认识：“赵春华涉枪案”出罪的切入》，载《河南财经政法大学学报》2018 年第 1 期，第 156 页。江溯：《规范性构成要件要素的故意及错误——以赵春华非法持有枪支案为例》，载《华东政法大学学报》2017 年第 6 期，第 49 页。

成要件尤其是行为人有无对规范构成要件要素的认知以及违法性认识问题。或许是作为通说的“外行人平行评价标准”过于抽象，在审查行为人有无对规范的构成要件要素认知时，司法实践众说纷纭、说理阙如。理论上的探讨也未能根本脱离通说的框架。①

## 三、归责思想的系统催化

植根于新康德价值哲学的（客观）归责理论，可谓近50年来刑法学领域最为耀眼的明星。缘起于客观不法论对抗主观不法论的初衷，客观归责思潮弥散于刑法理论的方方面面，这其中，对间接故意认定、因果关系错误等问题的教义学方案影响尤为深刻。

例如，借鉴作为客观归责基础要素的风险概念，客观的故意概念以认识说新代言人的面目示人。② 再如，传统上因果关系错误是主观构成要件领域的问题。然而，客观归责理论通过对客观构成要件的实质化厘定，将因果关系错误的审查重心置于客观构成要件。残存于主观构成要件的“行为人预见的因果过程与现实的因果经过在相当因果关系的范围内符合”③本质上是客观构成要件中相当性判断的同义语。

## 四、学派之争视野下故意体系性地位的演变

虽然德国刑法理论也曾有古典学派与实证学派、主客观不法论的对抗，但是“学派之争”的称谓却源自日本。日本刑法理论中的“学派之争”肇始于新旧学派之争，随着新派刑法理论的式微，（二元）行为无价值论与结果无价值论成为其主要表现形式。随着域外刑法知识的引介，行为无价值论与结果无价值论之争一度成为我国刑法理论“学派之争”的重

① 江溯：《规范性构成要件要素的故意及错误——以赵春华非法持有枪支案为例》，《华东政法大学学报》2017年第6期，第49页。柏浪涛：《规范性构成要件要素的错误类型分析》，载《法商研究》2019年第1期，第80-91页。

② 许玉秀：《当代刑法思潮》，中国民主法制出版社2005年版，第221—262页。

③ [日] 大塚仁：《刑法概说》，冯军译，中国人民大学出版社2003年版，第219页。

要版块。① 这也深刻影响了故意的体系地位以及关联性问题的教义学方案。容许构成要件错误恰是其典型代表。

我国传统刑法理论并未将容许构成要件错误问题类型化，仅在正当行为部分简要给定了假想防卫的教义学方案。通说认为，“假想防卫是由于行为人对事实认识的错误而发生的，在实践中应依事实认识错误的处理原则来处理”阻却故意。② 这存在疑问：按照通说，成立故意要求行为人对行为、结果及其社会危害性有认识，在行为人对符合构成要件的事实有认识时，只能以行为人对行为、结果不具有社会危害性认识为由否定故意。若假想防卫人误以为行为或结果“有害”，就有成立故意犯罪的可能。在德日刑法理论中，像这种误以为存在正当化事实前提实施了构成要件行为的情形，被称为容许构成要件错误。容许构成要件错误问题的教义学方案又深受故意体系性地位的影响。行为无价值论将故意作为彰显行为违法性的构成要件要素，正如下文所述，诸如“回旋飞碟”现场恰恰是故意成为构成要件要素之后的“副产品”。结果无价值论将故意作为责任要素的做法虽然可以避免“回旋飞碟”现场，却也引发了诸如侵蚀构成要件的个别化机能等指责。

综上，既然刑法知识转型、司法实践需要、归责思想的催化以及故意体系地位的变动构成了引发故意领域学术争议的“导火索”，在刑法知识转型背景下理性辨析各类思潮并深刻对接司法实践，构成了重构故意概念及其内容体系的方法论指引。

---

① 过往二十年，我国刑法理论的“学派之争”在不同维度有差异化体现。在犯罪论体系维度，是阶层体系与平面体系之争；在解释论维度，有形式解释论与实质解释论之别；在违法本质论维度，有行为无价值与结果无价值之分。

② 高铭暄、马克昌：《刑法学》，北京大学出版社、高等教育出版社，2010 年版，第 131 页。

# 第二章　故意的事实性认识要素

我国《刑法》第十四条规定，明知自己的行为会发生危害社会的结果，并且希望或者放任这种危害结果发生，因而构成犯罪的，是故意犯罪。虽然我国刑法确认了明知的内容作为犯罪故意认识要素的功能，却未能明示如下两个层次的问题：一是犯罪故意认识对象，二是犯罪故意认识的具体内容。前者的关注点在于除了被广泛承认的事实性认识之外，违法性认识或社会危害性认识是否是故意的要素（此问题下一章专门论述）；后者注重事实认识的具体内容。就后者而言，我国刑法理论存在一要件说（犯罪客观方面事实）、二要件说（犯罪客体、犯罪客观方面的事实）以及三要件说（犯罪主体、犯罪客体、犯罪客观方面的事实）的争论。[①] 以德日为代表的大陆法系国家，由于立法对故意认识内容或者没做规定（如日本），或者规定得极为笼统（如德国），因此，虽然学界普遍恪守构成要件的故意规制机能，将故意的认识要素限定为符合构成要件的事实，但却对具体内容有争论。

笔者认为，既然故意的本质在于对刑法保护价值敌视、蔑视的人格态度，而能够被评价为这种人格态度的，至少要认识到行为能够被评价为敌对刑法保护价值即造成法益侵害（包括危险）的事实，那么，当行为人认识到能够被评价为造成法益侵害（包括危险）的事实时，原则上就具备了

① 杨芳：《犯罪故意研究》，中国人民公安大学出版社 2006 年版，第 143 页。

故意的认识要素。[1] 本章首先概览故意事实性认识要素，而后专节讨论故意与因果关系认识。

## 第一节　故意的事实性认识要素概览

既然当行为人认识到能够被评价为造成法益侵害（包括危险）的事实时，原则上就具备了故意的认识要素，加之犯罪是行为、离开结果也无法定义行为性质，那么，成立故意所需要的事实性认识必然包括对行为与结果的内容及其社会意义的认识。作为具体争论对象的犯罪对象、犯罪客体、犯罪主体，只有在符合上述标准时才能作为故意的认识对象。

### 一、对行为社会意义、性质的认识

在区分行为社会意义与社会性质的基础上，本书主张应当从对行为对象、行为方式的认识中解构对行为社会意义的认识。与之相对，对主体的认识是否故意的认识因素应当求解于对行为社会意义认识有无影响。

#### （一）应当区分对社会意义与社会性质的认识

我国刑法理论的主流观点并未区分对行为社会意义与社会性质的认识。学界在解释犯罪故意认识对象时，一般认为行为人应当以行为性质为认识内容。“对行为本身的认识，即对刑法规定的危害社会行为的内容及其性质的认识。”[2] 如此说来，对行为自然意义、社会意义以及规范评价的认识就要在对行为内容和性质的认识中被分配开来。就行为的内容而言，上述方案在记述的构成要件要素的场合尚不存在疑问。然而，这在规范的构成要件要素的场合并不妥当。以传播淫秽物品罪为例，当行为人认识到

① 之所以是“当行为人认识到能够被评价为造成法益侵害（包括危险）的事实时，原则上就具备了故意的认识要素”，是因为在后述容许构成要件错误的情形中，行为人确实可能认识到被评价为造成法益侵害（包括危险）的事实，但却因不能被认为具有对刑法保护价值敌视、蔑视的人格态度，而不具有故意。

② 高铭暄、马克昌：《刑法学》，北京大学出版社、高等教育出版社 2007 年版，第 117 页。

自己传播的是“没穿衣服女人的图片”时，可以认为行为人对行为的内容已经认识到行为的内容，但此时行为人可能因认为该图片是艺术作品，而不存在对行为社会意义的认识。那么，只能在对行为性质认识的空间内寻求对行为社会意义存在的空间。然而，本书认为，将行为社会意义的认识与对行为规范评价的认识混同在对行为性质的认识中是不合理的。一方面，对行为社会意义的认识是根据社会的标准评价某种自然存在的意义；对行为规范评价的认识是根据规范的标准评价某种具有社会意义和自然意义行为的价值。前者和后者的评价标准和评价对象均不一致。以故意杀人行为为例，对其社会意义的评价的标准是“什么是杀人”，评价对象是客观存在的举动；对行为规范评价的标准是“杀人行为不对”，评价对象是已经被认定为杀人行为的身体举动。虽然二者之间递进关系的存在使得二者在衡量行为性质之时并不存在像二元的行为无价值论那样的内部冲突，但是，将性质不同的二者混同实属不当。否则，完全可以将行为自然意义拿过来一起衡量岂不更便捷？当然，这也会给刑法评价进程带来更不清晰的后果。另一方面，对行为社会意义的认识与对行为规范评价的认识具有不同的量刑意义，将二者混同容易导致量刑过程的不透明。申言之，对行为社会意义的不认识与对行为规范评价的不认识对于行为人形成不实施不法行为的反对动机在功能上是不同的。认识不到行为的社会意义是一种对事实的认识错误，认识不到行为的规范评价是对行为规范价值的认识错误，与前者相比，后者形成反对动机的可能性大、阻力小，从责任主义的立场看，行为人对规范所保护价值态度的可谴责性也更大，因此，也就影响到刑罚的量定。同质化二者的企图只会增加司法过程的随意性，这有违现代刑法所确立的责任主义刑法理念。

有学者认为：“对行为性质的认识，是指对于行为的自然性质或者社会性质的认识。……对行为客体的认识，是指对行为客体的自然或者社会属性的认识。”① 照此理解，对规范的构成要件要素含义的理解就成了选择性要素，这是不合理的。还有论者认为，故意的认识范围应当概括为如下几个方面：行为的实际情况、行为结果、行为与结果之间的因果关系、说

① 陈兴良：《本体刑法学》，商务印书馆 2001 年版，第 336 页。

明犯罪客体的事实；行为的社会危害性。① 此观点的优越性在于其明确性，即明确区分了事实性认识与评价性认识。然而，该说却不承认对行为社会意义认识的必要性，这有欠妥当。毕竟从其列举的行为的实际情况以及说明犯罪客体的事实两项要素中，无法识别何者为规范性构成要件要素预留了空间。德日刑法理论在责任说的立场下，在犯罪故意的认识内容上虽然不要求具有社会危害性的认识，与此同时，在事实认识的层面上要求行为对行为意义具有认识。② 这也说明了社会意义认识在故意认识对象中的独立意义。综上，笔者认为，应当区分行为的社会意义与社会性质。正如学者所说，“就符合记述的构成要件要素的事实而言，行为人在认识到单纯事实的同时，就能认识到行为的社会意义，进而认识行为的实质违法性乃至形式违法性。……但就符合规范的构成要件要素的事实的认识而言，行为人在认识到单纯事实的同时，却不一定能够认识行为的社会意义，因而不一定认识到行为的实质违法性”。③④

（二）犯罪对象社会意义的认识、行为方式自然属性的认识

对行为社会意义的认识离不开对犯罪对象社会意义的认识。虽然通说并不承认犯罪对象作为犯罪构成的必要条件的地位，⑤ 但这招致了批评。有学者从犯罪客体与犯罪对象是本质与现象的关系这一命题出发，肯定在所有犯罪中都必须存在犯罪对象。与此同时，又提出了行为对象的概念，认为行为对象是指界定构成要件所要求的，行为直接指向的具体人或者物，从而将行为对象与犯罪对象区别开来。⑥ 还有学者以“犯罪行为所影

① 高铭暄：《中国刑法学》，中国人民大学出版社 1989 年版，第 128 页。

② ［日］大塚仁：《刑法概说》，冯军译，中国人民大学出版社 2009 年版，第 208 页。［日］西田典之：《日本刑法总论》，刘明祥、王昭武译，中国人民大学出版社 2009 年版，第 167 页。［德］克劳斯·罗克辛：《德国刑法学总论》，王世洲译，法律出版社 2005 年版，第 316—317 页。

③ 张明楷：《刑法学》，法律出版社 2007 年版，第 216—217 页。

④ 对行为社会性质的认识即对行为社会危害性的认识。由于对该问题争议较大，下文专章论述。本节仅探讨对行为社会意义的认识。

⑤ 高铭暄、马克昌：《刑法学》，北京大学出版社、高等教育出版社 2007 年版，第 66 页。马克昌：《犯罪通论》，武汉大学出版社 1999 年版，第 133 页。陈兴良：《本体刑法学》，商务印书馆 2001 年版，第 268 页。

⑥ 李洁：《犯罪对象研究》，中国政法大学出版社 1998 年版，第 76 页。

响的犯罪对象特征是我们揭示犯罪行为所侵犯的社会关系的根据和辨别标准”为依据，主张“任何犯罪行为所侵犯的社会关系都必须以一定的犯罪对象特征为自己的表现形式，任何犯罪行为都必须以具有一定特征的客观事物为自己影响的对象，即任何犯罪都有犯罪对象”。①

笔者认为，任何犯罪都有犯罪对象，没有必要区别行为对象与犯罪对象。现代刑法基于人权保障理念确立了法益保护思想要求，犯罪只能是侵犯法益的行为。从法益概念的机能来看，刑事政策机能以及解释论机能分别担负着指导刑事立法和作为犯罪构成要件解释目标的重任。② 刑事立法是从应然的立场对社会生活中的行为做出规范性的考察与规制；刑事司法是对被破坏的应然生活方式的确证与回归。这种应然状态的生活方式是通过实然的行为对象特征体现出来的。换言之，法益作为抽象的存在必须以具有一定特征的客观事物为自己的表现形式。法益的保护与损害是与具有一定特征的对象的变动与否呈现出来，没有一定犯罪对象的犯罪就是没有保护法益的犯罪。至于行为对象的概念，本书认为并无存在的必要。任何行为都会直接地指向具体的人和物，这些人和物存在状态、特征不仅是彰显法益状态的客观指标，而且是具体构成要件的要求。如果法益不是通过法益状态的外在表现与具体构成要件的要求紧密联系，具体构成要件的解释又以什么为标准、为限度呢？法益状态的客观指标与具体构成要件的要求作为两种角色并不能区别开来。以犯罪对象不甚明确的秩序法益为例，在扰乱公共秩序、交通秩序类的犯罪中，作为抽象秩序具体存在形式的人和物的存在状态以及彼此间的关系就是犯罪对象，这既是法益的存在表征，又是构成要件的要求，试想，有哪种破坏秩序犯罪不是以对上述表征的侵犯为构成要件的具体要求呢？同理，走私犯罪的犯罪对象是走私的物品、假冒伪劣商品犯罪中的犯罪对象是该商品、贿赂犯罪的犯罪对象是贿赂物品和被贿赂者等。至于被普遍视为没有犯罪对象的脱逃罪，正如学者所说，“脱逃罪同样存在着犯罪行为所影响的对象——犯罪分子本身。犯罪行为所侵犯的社会关系——司法机关的正常活动就是通过犯罪分子本身

① 陈忠林：《刑法散得集》，法律出版社 2003 年版，第 253—254 页。
② 张明楷：《刑法学》，法律出版社 2007 年版，第 87 页。

所具有的处于司法机关强制措施控制下的这一特征体现出来”。[①] 既然抽象存在的法益以具体的犯罪对象为自己的表现形式，既然法益概念的解释论机能被广泛认同，那么，对行为社会意义的理解当然不能脱离对具体犯罪对象意义的把握。一方面，在记述的构成要件要素的场合，以故意杀人罪为例，作为构成要件要素的“人”同时是犯罪对象，只有当行为人认识到其杀害对象为人时，才能认为行为人具有对行为社会意义的认识。如果行为人误以为行为指向的对象是动物而不是人并加以杀害，对行为对象的误认就会导致行为人对行为社会意义的误认。另一方面，在规范的构成要件要素的场合，行为对象的认识同样影响着行为人对行为社会意义的认识。以传播淫秽物品类犯罪为例，无论是否有牟利的目的，只要行为人对物品的淫秽性质产生误认，肯定不能成立犯罪既遂。如果行为人认为其传播的裸体人物图片是普遍被认为的艺术作品，这种对犯罪对象的误解就导致对行为社会意义的误解。此外，由于“犯罪的时间、地点、状况、方法与行为不可分离”,[②] 即这些因素本身就是行为的组成部分。除了行为方法于上文详细论述之外，行为的时间、地点、状况本身是体现行为社会意义的重要因素。这些因素对行为社会意义的影响最终是通过行为对象体现出来，即出于某种时间、地点、状况之下的对象彰显出法益进而体现出行为的社会意义。

对行为社会意义的认识离不开对行为方式自然属性的认识。“在人类所知的范围里本来可以根据所知的性质分为两类，一是知道事物是怎样的，一是知道应当怎样去处理事物。前者是自然知识，后者是规范知识。”[③] 对行为方式的自然属性的认识是对自然知识加以利用之后可能引发的外在世界改变的预见。遵循事理逻辑与因果法则的结果就是行为目的的实现，否则就是行为目的的失落。与此同时，虽然无法否认，人类利用自然知识总是立于一定的目的之下，这就使得运用自然法则的行为附加了价值观念，即存在当为与否的问题，然而，同样无法否认且更为根本的是，这种价值观念始终无法脱离自然因果法则的规制。因此，对作为行为当为

① 陈忠林：《刑法散得集》，法律出版社 2003 年版，第 254 页。

② 张明楷：《刑法学》，法律出版社 2007 年版，第 216 页。

③ 费孝通：《乡土中国》，上海世纪出版集团 2007 年版，第 101 页。

与否前提的社会意义的认识必然以对行为方式自然属性的认识为前提。下面以不能犯、未遂犯领域的相关问题说明上述观点。误以为喝菊花茶能堕胎而实施该行为、将空枪误认为有子弹而实施杀人行为被认为是未遂犯相关领域典型的例子。喝菊花茶能堕胎本身就是违背自然法则与事理逻辑的；而开枪则可能致人死亡。对于前者而言，其无论如何是无法侵害法益的，没有必要用刑罚的方式制裁一个不遵守自然法则的行为人，毕竟自然法则已经让他（她）感受到了失败的苦涩；对于后者而言，如果万事俱备，其追求法益侵害的意图是可以实现的，因此，无论是为了保护社会共同生活的利益，还是为了维护社会存在的基础，都应当以“不得如此”的禁止性要求强化“应当如此”的规范知识。对于前者而言，其对行为方式自然属性的认识错误导致对社会意义等一系列的错误；对于后者而言，其未能完成犯罪并不是因果法则的错误认识所致，而是源于对实现因果法则所需要素的存在与否的错误认识。当然，虽然能够承认前者是不能犯，但是，后者法律性质的归属仍应判断行为的客观危险。这里仅仅涉及对作为犯罪故意成立要素的对行为社会意义认识的影响因素的把握。由此可见，对行为方式自然属性的认识是行为社会意义认识的前提和基础，对行为方式自然属性的认识必须受到客观存在因果法则的规制。需要明确的是，这里的因果法则和行为与结果之间的因果关系是不同的，对后者的认识主要涉及对因果过程偏差情形下的归责问题。对此，下节会详细讨论。

此外，一个不容忽视的问题是对规范的构成要件要素的认识。通说之所以对规范的构成要件要素做“外行人领域的平行评价”这一认识程度上的要求，应该是源于两方面的考虑。一是主体的社会化进程。刑事立法对刑事责任年龄的规定具有立法拟制的成分，其背后的理论基础应当不能脱离主体的社会化进程。主体的社会化进程不仅使得基本的规范得到内化，而且将认识行为社会意义的能力赋予社会化进程中的主体。然而，主体的差异性与多样性来源于其生活场域的多样性与变异性。故而，相对恒定性的行为人所属领域必然成为界定（存在论）、推定（证明性）行为人认识的不二标准。二是规范的生成。虽然不能否认规范的价值性、目的性，但是“构成要件里规定的事实要素的价值特征并非是由法律，至少不是由刑法的核心部分创造出来，而是在社会现实中发现的”①。至于该标准的抽象性，或许因蕴含着其实践性而包含生命力。

（三）对主体要件的认识

刑法理论上对主体要件是否是犯罪故意的认识内容存在争议。否定说是多数学者的立场。② 比较有代表性的论理是“一般来说，刑事责任年龄和刑事责任能力不可能是犯罪故意的认识内容。因为只有达到刑事责任年龄具备刑事责任能力的人才能认识和控制自己行为，法律才要求有‘明知’。如果一个符合犯罪主体条件的人误以为自己未达到刑事责任年龄或不具备刑事责任能力，并不影响其犯罪的性质，对其认识‘危害社会的结果’毫无影响，所以，刑事责任年龄与刑事责任能力不是犯罪故意的认识内容。至于特殊主体的特征，即行为人的特定身份，虽然是某些犯罪的要件，也不宜作为犯罪故意的认识内容。对于特殊主体来说，不是因行为人具有某些特定身份决定了犯罪的性质，而是因为行为人凭借其特定身份所享有的一定权利或利用一定的社会关系才能实施犯罪。如果行为人仅有特定身份，未利用特定的权利，其身份本身不会改变犯罪的性质。……身份并不是决定犯罪性质的关键，而利用身份的权力或便利，才是决定犯罪性质的要素。不过，利用权力或便利已不是犯罪主体的特征，而是犯罪客观方面的特征。”③ 肯定说则从影响行为人行为选择这一归责的立场出发，承认刑事责任年龄与特殊身份是犯罪故意的认识内容。④ 此外，二分说认为：“不受主观行为影响的责任能力不是犯罪故意认识的内容；受主观行为影响的责任能力弱化的事实属于犯罪故意认识的内容；犯罪主体的特殊身份应当作为犯罪故意认识所要求的内容。”⑤

主体要件是否是犯罪故意的认识内容同样需要以对行为社会意义认识的影响为标准衡量。就刑事责任年龄与精神状况而言，具有上述条件的主

---

① ［德］冈特·斯特拉腾韦特、洛塔尔·库伦：《刑法总论Ⅰ——犯罪论》，杨萌译，法律出版社2006年版，第115页。

② 陈兴良：《刑法哲学》，中国政法大学出版社1992年版，第158—159页。马克昌：《犯罪通论》，武汉大学出版社1999年版，第331页。

③ 姜伟：《罪过形式论》，北京大学出版社2008年版，第90—91页。

④ 冯军：《刑事责任论》，法律出版社1996年版，第156—158页。

⑤ 张小虎：《犯罪论的比较与建构》，北京大学出版社2006年版，第286页。

体误认为不具有上述主体条件而实施行为并不阻碍行为人成立犯罪；不具有上述条件的主体误认为具备上述条件而实施行为并不阻碍行为人不成立犯罪。上述结论背后的事理逻辑为：年龄、精神状况作为主体条件是刑事立法对刑事可罚性的限定，其本身是客观存在的，符合相应条件就具有认识及控制能力，就能对行为社会意义、性质具有认识，就能够产生反对动机。行为人对刑事责任年龄及精神状况的误解是对刑事可罚性的误解，这种错误并无阻却故意的效力。就主体的特殊身份而言，具备特定身份却误认为自己没有该身份的主体实施了不法行为阻却犯罪的成立；不具备特定身份却误认为自己具有特定身份的主体实施了不法行为有成立未遂犯的可能性。以传播性病罪为例，患有梅毒的行为人误认为自己身体健康而卖淫，不成立本罪；并没有被确诊患有梅毒的行为人从身体症状来看误认为自己已然患有梅毒而卖淫，有成立本罪的可能性。上述结论背后的事理逻辑与前述责任年龄、精神状况的情形不同，其背后的逻辑是：有无对自身特定身份的认识影响到行为人对自己行为社会意义的认识，认识到特定身份的人才可能在规范心理的支配下形成对行为义务违法性的认识并且进而形成反对动机，对于无法形成反对动机的行为人不得进行责任非难。至于二分说论者关于“受主观行为影响的责任能力弱化的事实属于犯罪故意认识的内容”的观点，本书认为并无必要。因为在原因自由行为的情形下，导致责任能力弱化的事实已经属于行为的一部分了，没有必要将其归于主体的内容之中。事实上，之所以要求行为人对特殊身份有认识而对刑事责任年龄与精神状况不要求认识，是源于如下的思考：主体要件作为承担刑事责任的前提，也是行为人认识自己行为意义的前提。年龄、精神状况作为主体要件是对自然事实的确认；特殊身份作为主体要件是源于某种行为引发的主体义务。自然事实的性质决定了达到一定年龄、具有某种精神状况就具有这种能力；主体义务的性质决定了没有认识到这种义务的人并不具备形成反对动机的能力。

## 二、关于对结果社会意义、性质的认识

对于犯罪故意成立是否以对结果的认识为必要，域外刑法理论的主流观点是区别说，即以犯罪形态是否是结果犯为标准区分是否需要对结果有认识，在结果犯的情形下需要行为人认识到结果发生才成立犯罪故意，在

行为犯的情形下则无此要求。① 与之相对，由于我国《刑法》第十四条关于故意犯罪的概念中明确规定了行为人对结果认识的必要性，故而，刑法学界多数论者对结果作为犯罪故意的认识内容都持肯定态度。② 然而，对于如何理解结果的含义，我国刑法理论的论证并不充分。或许是由于在讨论犯罪客观方面时对结果理解的分歧，在作为犯罪故意认识对象的结果这里也存在差异。一种观点认为，由于犯罪故意的认识内容与犯罪既遂的基本标准是不同范畴的问题，把犯罪故意应否认识行为结果与犯罪既遂是否以结果发生为条件混为一谈，是不足取的。进而认为，行为主体对危害社会结果的明知，就是对自己的行为将引起的客观事物的某种特定变化的认识（下文称结果说观点一）。③ 有学者认为，这里的危害结果是行为对犯罪客体造成的损害，是广义上的危害结果，既包括具体的危害结果，也包括抽象的危害结果，既包括有形的危害结果，也包括无形的危害结果，既包括已经发生的危害结果，也包括尚未发生但可能发生的危害结果（下文称结果说观点二）。④ 还有学者指出，这里的危害结果不包括所有的对犯罪直接客体造成损害的事实（下文称结果说观点三）。⑤

① 姜伟：《罪过形式论》，北京大学出版社 2008 年版，第 94—95 页。洪福增：《刑事责任之理论》，刑事法杂志社 1989 年版，第 83 页。[苏] 契柯瓦则主编：《苏维埃刑法总则（中）》，中国人民大学刑法教研室译，中国人民大学出版社 1964 年版，第 126—127 页。储槐植：《美国刑法（第三版）》，北京大学出版社 2005 年版，第 55 页。

② 高铭暄、马克昌：《刑法学》，北京大学出版社、高等教育出版社 2007 年版，第 114 页。陈兴良：《本体刑法学》，商务印书馆 1999 年版，第 336 页。张明楷：《刑法学》，法律出版社 2007 年版，第 216 页。但是，也有学者对此持否定态度，认为客观事实上，故意犯罪的行为人对自己行为的危害结果并非都有认识，而且也没有必要查明所有故意犯罪人对危害结果的认识。参见贾宇：《论犯罪故意中的事实认识》，载《法制与社会发展》1997 年第 3 期。本书认为，从尊重立法的立场出发，既然刑法明文要求对结果的认识是故意的成立要素，就必须合理解释这一规定。从事理逻辑的角度观察，不以一定结果发生为故意的认识内容就会导致如下不合理的结论：违章闯红灯发生交通事故致人死亡并负全部责任的行为人，由于对行为是故意的，对结果是未能预见。若以“故意犯罪的行为人对自己行为的危害结果并非都有认识”为依据，那么，虽然不能否认相反的可能性，但也不能否认对结果没有认识的情形不是故意犯罪。这样解释的结果就是，特殊危险领域行为人刑事义务的特权化。

③ 姜伟：《罪过形式论》，北京大学出版社 2008 年版，第 97—98 页。

④ 马克昌：《犯罪通论》，武汉大学出版社 1999 年版，第 331—332 页。

⑤ 杨芳：《犯罪故意研究》，中国人民公安大学出版社 2006 年版，第 165 页。

无论是从尊重立法规定上考虑，还是从符合事理逻辑的立场上分析，都应当承认结果是犯罪故意的认识内容，接下来应当解决的首要问题是，如何确定结果的含义。从上文所引文献可见，我国刑法理论中的肯定论者对结果的含义做了一定程度的研究。但这些研究尚不能令人满意，这就为否定说的生长提供了土壤。

就结果说观点一而言，有两点值得商榷：一是犯罪故意的认识内容与犯罪既遂是否需要结果的发生并不冲突，二者之间具有一致性。正如上文所述，犯罪对象——作为犯罪客体的表征——存在于任何犯罪之中。行为导致犯罪对象状态的改变就是犯罪结果。这种意义上的结果应当作为故意的认识内容，试想如果对行为对象状态改变没有认识，故意和过失的界限就模糊化了。与此同时，这种结果的出现正是犯罪既遂的标志，无论行为犯、结果犯概莫能外。① 事实上，作为结果的犯罪对象状态的改变是多样的，衡量其是否是犯罪故意的认识内容以及是否是犯罪既遂所需要的结果都是依据刑法分则的构成要件规定。刑法总则要求行为人对结果有认识、刑法理论以结果出现作为犯罪既遂的标准，不过是为明确刑法中某些范畴的构成要素，是对一种事实的确认。至于具体犯罪中故意内容的把握与既遂标准的厘定都需要从构成要件的规定中完成。现有的论述最大的不足就在于混淆了事物本身存在的逻辑与规范根据一定价值所厘定的构成要件范围。换言之，事实存在与价值抉择之间关系的混同是现有观点的致命伤。二是持该观点的论者将结果定义为“对自己的行为将引起的客观事物的某种特定变化的认识”。一方面，这没有明确犯罪对象在此的独立价值。按照该观点，在脱逃犯罪中，行为人脱逃行为导致监狱院墙的破坏算不算结果呢？行为人弄坏了院墙算不算是犯罪既遂呢？这些问题的关键在于没有根据法益的要求解释犯罪对象特征。另一方面，忽视了构成要件的独立价值。按照该观点，在因交通违章引发重大交通事故构成犯罪的案件中，行为人对自己违章可能引发的对交通秩序的破坏有所认识，但却对由此可能引发的严重交通事故的发生未能认识、预见到。那么，行为人是否是故意

① 以行为犯中被经常提及的脱逃罪为例，犯罪对象是行为人，犯罪结果体现为行为人摆脱司法机关的实际控制。这种结果既是行为人需要认识的内容，也是犯罪既遂的标准。

犯罪呢？显然，问题的关键在于对刑法分则规定的具体犯罪构成要件的忽视。

就结果说观点二而言，同样存在着两点不足之处。一是混淆了犯罪改变的对象与对犯罪客体的侵害。该观点认为，危害结果是行为对犯罪客体造成的损害。由于危害结果是犯罪故意的认识内容，要求行为人认识到法益侵害是这种观点的应然逻辑。然而，这种逻辑是不合理的。在学界对具体犯罪法益的内容都存在争论的情况下，要求普通公民认识到法益侵害显然是不现实的。但是，法益侵害的实体是以犯罪对象的状态改变呈现出来的，这就为可辨认性奠定了基础。从认识可能性的角度出发，该观点应当是混淆了行为人对犯罪对象状态改变的认识与对犯罪客体受侵害的认识。二是该观点认为危害结果“既包括已经发生的危害结果，也包括尚未发生但可能发生的危害结果”，这是不合理的。如果从行为人的角度，在事前的立场上，行为人对危害结果的发生只能是在未来意义上的预见；如果从裁判者的视角，在事后的时点上，这里的危害结果包括已经发生的危害结果，也包括尚未发生但从事前看可能发生的危害结果。无论从事前还是事后、无论是从行为人立场还是裁判者立场，上述观点都存在瑕疵。

结果说观点三不过是结果说观点二的改良版。换言之，该观点的可取之处在于，承认了行为人只能对反映、彰显犯罪客体的事实存在认识。该观点的不足之处在于，并没有将这种逻辑延展到所有的犯罪之中，在一些犯罪对象并不十分明确的犯罪中，将犯罪对象与犯罪客体又混同了起来。其论据反映了这种不一致：“对于另一些犯罪，比如举动犯，行为人往往认识不到危害行为对犯罪直接客体造成的损害事实，……这是由犯罪直接客体的性质所决定的，其有的是有形的……，有的则是无形的、不能具体测量确定的，如名誉受损害、人格遭侮辱、国家安全被危害等。”① 从上引文献可见，论者已然混淆了事实与价值。

与行为的社会意义相似，对结果社会意义的认识同样离不开对犯罪对象社会意义的认识、对结果自然意义的认识。此不赘述。

---

① 杨芳：《犯罪故意研究》，中国人民公安大学出版社 2006 年版，第 165—166 页。

## 三、认识的程度

我国刑法理论的通说认为："在认识程度上，明知包括明知自己的行为必然会发生危害社会的结果，也包括明知自己的行为可能发生危害社会的结果。……这种明知只是行为人主观上的一种认识，至于这种认识与实际情况符合与否，不影响明知的成立。"① 在此，有几个问题需要澄清。一是必然性与可能性的措辞是否恰当。二是通说坚持认为"明知"必然性就不能放任合理吗，进一步而言，间接故意的认识程度为什么必须是"可能性"？三是明知必然并且放任结果发生是哪种故意类型？四是"明知"与预见的区别何在？

关于问题一，认识到行为导致结果发生的必然性与可能性的划分是否合理，若合理，理由何在；若不合理，理由何在，进而如何改变。在哲学上，必然性是与偶然性相对应的概念，因而，这里的必然性与可能性的二分并非哲学意义上上述概念的二分；在心理学上，"可能性"与"必然性"也不是专业术语。② 更为重要的是，必然性与可能性是一种客观的存在，行为人站在行为时点对行为导致结果的预见只能是一种主观意义上的可能性，前者关注客观事态本身的性质与趋势，后者重视行为人本身认识能力的基础意义。将二者等而视之予以混同并不妥当。能够预见到结果必然发生的是神而非人；人作为主体性存在，仅能根据自己的知识和经验对行为导致结果发生得出肯定性与可能性的主观判断。有学者据此认为："无论是直接故意还是间接故意抑或是过于自信的过失没反映到头脑中的事实几乎没有差异，但是相信的程度却不一致。直接故意，就是行为人预测到了并相信这个结果肯定要发生，而间接故意，则是预测到了但相信程度不高(只是可能发生)，过于自信的过失就是虽然预测到了，但不相信会发生。这就说明，'明知'具有认知和判断的双重含义。"③ 然而，间接故意的行为人往往为实现自身的目的而不顾及结果发生的可能性，换言之，行为人往往是预测到了可能性而不去做判断，不作判断也就没有相信与否的问

① 马克昌：《犯罪通论》，武汉大学出版社 2006 年版，第 332 页。

② 李兰英：《间接故意研究》，武汉大学出版社 2006 年版，第 49 页。

③ 李兰英：《间接故意研究》，武汉大学出版社 2006 年版，第 52 页。

题了。

关于问题二，行为人认识到结果发生的必然性，是否能够放任结果的发生。如果承认上文对问题一的回答，此处的问题应当更改为：行为人认识到结果将肯定发生，是否能够放任结果的发生。本书对此做出肯定性回答。从事理逻辑方面分析，放任行为导致结果的心理态度并不必然与肯定性的认识绝缘。通说一般认为，放任以可能性为前提是因为放任必须是在两种可能（即发生与不发生）之间才能存在，然而，这是不合理的：放任是存在于目的与非目的两种情形并存的条件下，但并非仅限于可能发生与可能不发生的条件下。行为人认识到行为所追求的结果肯定会导致另一个本不愿看到的结果发生时，为追求某种目的（结果）而行为的情形，同样是放任另一个结果的发生，放任同样是存在于两种结果并存的情形，换言之，并存的可能性并不排除同时发生的可能性。从刑法的规定来看，将行为人明知行为肯定会发生危害社会结果的情形与放任相隔离的做法也是违反法律规定的。我国《刑法》第十四条明文规定“明知自己的行为会发生危害社会的结果，并且希望或者放任这种结果发生的”，此处，立法并没有将肯定性认识与可能性认识区别开来，进而也就不可能有肯定性认识与希望的结果一一对应。从具体事例来看，苏联刑法学家特拉伊宁曾经提出过如下的案例：“有一座楼房正在修检，伊万诺夫和谢敏诺夫两个工人同在10层楼的房顶旁的脚手架上工作，脚手架用粗麻绳捆住固定。公民罗诺夫（伊万诺夫的仇人）企图害死伊万诺夫，为了这个目的他割断了捆住脚手架的绳索，结果两个工人都掉下来摔死了。在特拉伊宁看来，两个人的死亡都不属于可能，而是不可避免的，也即所谓必然的。”①

接着问题二又会产生如下的问题（问题三）：上述肯定行为导致结果与放任的结合是认定为间接故意还是直接故意？这一问题看似不是问题：放任被承认为间接故意的标志。然而，事情却不是看起来那么简单。为什么放任是间接故意的标志？如果可以认为放任不能与肯定性认识相结合，为什么不能认为肯定性认识是决定间接故意与直接故意区隔的标志？对于这一问题可以从两个方面寻找依据：一方面，回到上文关于犯罪故意本质的研讨中去。就事实上导致结果发生的确定性程度而言，肯定性认识当然

① 转引自陈兴良：《刑法适用总论》，法律出版社1999年版，第153—154页。

比可能性认识程度高，进而，认识到肯定性结果的行为人对刑法所保护价值的客观危害当然更大，然而，这一切的一切都是源自行为人意志因素的支配，都是源自行为人意志背后的不良人格态度的推动作用，认识到肯定性结果并放任体现的行为人对刑法保护价值的蔑视态度。因此，认识到肯定性结果并放任体现的行为人对刑法保护价值的对立态度要弱于认识到可能性结果并积极追求的情形。虽然从结果上看，法益侵害的危险性是存在较大差异，但从事实上支配法益侵害行为的源头来看，后一种情形更值得法秩序的警惕与防范。从预防的角度来看，希望意志支配下行为的主体以刑法保护价值为目的而行为，具有明确的规范敌意，在其他情节相同时，量刑应当比单纯的“必然性（肯定性）认识+放任”的心态要重。法秩序关注的敌对行为是主观内容支配之下的对抗法秩序的行为。较之于作为主观对立态度具体体现的客观上的法益侵害，主观上的对立态度具有根本意义。另一方面，直接故意与间接故意所反映的对法秩序的态度通过不同的构造表现出来。直接故意的构造表现为行为人以一定的目标为指向，以一定的手段、方式完成上述目标，即欲先于知；间接故意则与此相反，行为人首先以一定的目标为行为方向，在认识过程中发现行为可能导致非目标的另一结果的发生，行为人为完成初始目的而不顾及并发结果可能性，即知先于或者同时于欲。对于附随结果的发生，行为人虽然没有明确的目标性，但仍对导致其发展的过程不予阻止，这一因素终归还是故意的意志因素，这就是间接故意之所以是“间接”故意的原因。一言以蔽之，间接故意终归是故意而非过失不是源自认识因素，而是源自“放任”这一意志因素。行为人明知行为必然发生危害社会的结果却放任结果的发生时，对附随结果的发生并无明确的目的性，对附随结果的欲也不是先于知存在，这符合“间接”故意的基本构造，应当归属于间接故意。

问题四，“明知”与“预见”是我国刑法关于故意与过失规定中的用语。对于二者的关系，有学者认为：“间接故意的行为人认识到结果发生的可能性较大。在此意义上说，盖然性说具有参考意义。”① 有学者对此持支持态度，并且进一步论述道：“这种差异（间接故意与轻信过失——引者注）表现在，间接故意对危害结果由可能性转化为现实性具有比较正确

① 张明楷：《刑法学》，法律出版社2007年版，第241页。

的判断，而过于自信过失对危害结果发生的可能性转化为现实性则缺乏正确的认识，是一种错误的判断。”① 还有学者认为，轻率过失是有认识的过失，它与间接故意的认识程度都是可能性认识，但是轻率过失认识到的是一种抽象可能性，而间接故意认识到的是一种现实可能性。② 显然，学界的主流观点对“明知”和“预见”是区别对待的。本书认为，“明知”与“预见”并不存在认识程度的明显差异。理由如下：第一，如果将“明知”与“预见”解释为认识程度上具有盖然性和可能性的差异，那么，结果发生可能性认识之下的放任就无法处罚。更为重要的是，希望意志支配下的行为也只能是高于可能性的，但这与处罚直接故意是基于行为人对刑法保护价值的敌视态度是矛盾的，这是因为，一部分可能性认识之下的希望故意就不能处罚，对希望意志下不同认识程度的行为人做有罪无罪的差别化处理将会导致直接故意的处罚是以认识因素为核心，这明显与故意本质不符。第二，间接故意的行为人是“放任”结果的发生，有可能对结果由可能性向现实性的转化根本不做判断，结果发生与否不为所动的心态正体现了法益的“冷感”。既然可能不会出现判断过程，结果发生的可能性程度也就不重要了。换言之，无论结果发生的概率如何，都要实施行为，这显然是一种间接故意的心理态度。第三，抽象可能性与现实可能性是哲学概念。抽象可能性的概念最早是黑格尔提出的。一般认为，抽象的可能性，又称“虚假的可能性”或“形式的可能性”，指在现实中缺乏充分根据、尚不具备必要的条件，因而在目前是无法实现的可能性。这与过于自信过失的概念冲突，行为人如果认识到一种现实中根据尚不充分、条件尚不必要而无法现实化的可能性，何来“轻信能够避免”呢？事实上，主观责任制裁理性是源于行为人对法规范、法秩序的对立态度，认识程度仅具有一定程度上意志因素的征表意义，因此，作为实体的标准，不能以认识程度过于限制意志因素的存在范围。

## 四、“共同故意”中的认识因素

我国《刑法》第二十五条第一款明文规定，共同犯罪是“共同故意”

① 李兰英：《间接故意研究》，武汉大学出版社2006年版，第176页。

② 陈兴良：《本体刑法学》，商务印书馆2001年版，第363页。

犯罪。“关于共同故意的概念，各学说大同小异，都是从认识因素和意志因素两个方面来进行表述的。但在概念中，各学说也都指出应包含意思联络的内容，作为共同故意中必不可少的要素。”① 就认识因素而言，一般认为，各共犯人都认识到自己以及共同犯罪行为的性质与危害结果，② 并且以认识到自己和他人一同共同犯罪为意思联络的内容。较之于一般犯罪的主观认识要素，意思联络成为共同犯罪故意认识要素中较为特殊之处。与此相关联的“片面共犯”相关问题就成为无法回避的课题。

学理上通常将片面共犯区隔为片面的实行犯、片面的帮助犯与片面的教唆犯。根据对片面共犯是否持肯定态度以及在何种程度予以承认为标准，大体可以将国内外刑法理论的观点概括为肯定说、部分肯定说（或称部分否定说）与否定说。在此基本分类之下，又存在差异观点。具体而言，肯定说认为，全面共犯与片面共犯在共同犯罪故意的内容上仅有量的差别，没有质的区别。③ 部分肯定说的论者存在差异，有的认为应当承认片面教唆犯与片面帮助犯，④ 有的认为仅仅能够承认片面帮助犯，⑤ 还有论者认为在不能将其认定为间接正犯的前提下，可以承认片面正犯。⑥ 否定说的论者同样差别较大，有的认为应当将片面正犯认定为间接正犯，⑦ 有的认为应当通过拓展传统上间接正犯的外延以包含这种情形，⑧ 另有论者认为片面共犯是不同于共同犯罪与间接正犯的独立的犯罪形态。⑨

片面共犯的问题实质上是处罚合理性问题，换言之，既存理论体系之内如何通过概念外延的伸缩完成对片面共犯的处罚才是理论应有的出发点与归结点：肯定片面共犯的论者在共犯体系内解决片面共犯的处罚问题，

---

① 韩玲：《共同犯罪的罪过形式研究》，吉林大学博士论文 2006 年，第 68 页。

② 高铭暄、马克昌：《刑法学》，北京大学出版社、高等教育出版社 2007 年版，第 180 页。

③ 陈兴良：《共同犯罪论》，中国社会科学出版社 1992 年版，第 115—116 页。

④ ［日］前田雅英：《刑法总论讲义》，东京大学出版会 2006 年版，第 455、461 页。转引自张明楷：《刑法学》，法律出版社 2007 年版，第 323 页。

⑤ 李光灿、马克昌、罗平：《论共同犯罪》，中国政法大学出版社 1987 年版，第 37 页。

⑥ 张明楷：《刑法学》，法律出版社 2007 年版，第 323—324 页。

⑦ 田鹏辉：《片面共犯研究》，中国检察出版社 2005 年版，第 34 页。

⑧ 肖中华：《片面共犯与间接正犯观念之破与立》，载《云南法学》2000 年第 3 期。

⑨ 卢芳：《片面共犯研究》，载《广西政法管理干部学院学报》2003 年第 2 期。

否认片面共犯的论者以间接正犯等方式寻求处罚途径。果如此，则问题的答案应当在共犯体系是否可以合理的解决片面共犯的处罚困境的应对中觅得。由于我国刑法事实上以行为人在共同犯罪中的作用大小，区别规定了共同犯罪中的处罚原则。因此，无论是根据工具理论认定间接正犯，还是根据犯罪事实支配理论认定间接正犯（根据犯罪事实支配理论，间接正犯并非对共同犯罪的否定），就行为人在共同犯罪中所起的作用大小量刑才是片面共犯的最终归依。然而，由于不能否认工具理论面临着无法说明被利用者责任的困境（被利用者也有故意而不是单纯的工具）。因此，犯罪事实支配理论之下的间接正犯理论更具合理性，更为重要的是，如果以犯罪事实支配理论界定间接正犯的范围，片面帮助犯这一并非以处罚原则划定的共犯类型，也可以缓和因我国刑法以处罚原则划定共犯形态的规定而面临处罚与称谓不一致的困境。① 综上，在能够认定成立间接正犯的情况下，不应承认片面共犯的概念，否则，应认定为片面共犯，并且以刑法规定的处罚原则处理。与此相关的另一个问题是，意思联络是成立共同犯罪的条件，共同犯罪关注的是处罚问题，因此，应当将共同犯罪的成立与共同犯罪的处罚原则联系起来，片面共犯以共犯处罚并不等于正犯也必须适用共犯的处罚原则。换言之，“既然是片面共犯，当然仅对知情的一方适用共犯的处罚原则，对不知情的一方不适用共犯的处罚原则。”②

## 第二节 对因果关系的认识

作为检验构成要件合致与否的犯罪成立要素，因果关系与故意在犯罪论体系中的地位和作用有目共睹。特别是在我国通说所坚持的平面式犯罪

① 帮助犯是帮助正犯行为的人。这种帮助在共同犯罪中不一定必须是“次要或者辅助作用”，也可能是“主要作用”。将对犯罪完成起主要作用的部分情形归于支配犯罪事实的情形中，可以一定程度上缓和部分片面帮助犯因其在共同犯罪中起主要作用而作为主犯处罚所面临的帮助犯称谓与主犯处罚的形式矛盾，毕竟帮助往往被误解为次要作用。在这种意义上，以犯罪事实支配理论界定间接正犯的范围为前提，将片面共犯划分为片面主犯与片面从犯更为合适。

② 张明楷：《刑法学》，法律出版社 2007 年版，第 323 页。

论体系之下，对因果关系和故意的检验几乎分别是客观构成要件符合性与主观构成要件符合性判断的同义语。① 刑事立法明确将行为、结果作为故意的认识内容，却未明示因果关系是否作为故意的认识对象。早年间，对于因果关系认识是否属于故意的认识对象，多是立足刑法或心理过程加以分析。近年来，随着归责概念的强势崛起，立足因果关系错误，将故意认定与故意归责区别开来的观点较为有力。客观归责思想的引入又进一步加剧了问题的复杂性。可以毫不夸张地说，因果关系认识错误这一“老问题”，在同客观归责理论相结合之后愈发呈现出异样的光芒：现有的因果关系认识必要说实质何在？客观不法可否在事实上限制主观不法？因果关系认识必要说与客观归责理论的初衷、对应理论之间是什么关系？彻底实践新康德主义的构想是否可以导致重构主观构成要件的对象？如何在与刑事立法相协调的意义上贯彻上述构想，以保障归责判断的实用性？客观归责理论当然由于相当理论吗？上述这些问题之间实质上环环相扣、由小及大，但都发源于因果关系认识错误问题，由此也就凸显了因果关系认识问题对主客观归责判断的重要意义。鉴于此，本书以狭义的因果关系错误为切入点，讨论因果关系认识及其相关问题。

## 一、因果关系认识错误学说考评：实质上均为因果关系认识不要说

作为讨论的前提，需要明确的是，我国学者通常认为的因果关系有无

① 对此可能的质疑是，因果关系的判断与客观构成要件符合性判断的关系。举例说明：某甲在人迹罕至的森林中朝天开枪，正巧某乙路过此地，受枪声惊吓引发心脏病而死亡。由于我国通说认为作为犯罪客观方面要件的行为是“在人的意志或者意识支配下实施的危害社会的身体动静”（高铭暄、马克昌：《刑法学》，北京大学出版社、高等教育出版社 2007 年版，第 72 页），在此，对某甲的行为是否是“危害社会”行为的判断，就需要以结果为基础，判断该行为与结果之间的因果关系。换言之，从事后观察，结果是通过因果关系的判断来规制行为性质的；另外，结果是否具有刑法意义的判断也离不开因果关系的判断。

的错误、因果关系指向（内容）的错误①并非因果关系错误。刑法理论对因果关系是否故意的认识内容存在争论，多数学者认为，在与客观构成要件内容相一致的意义上需要行为人认识到因果关系，与之相对，否认因果关系是故意认识对象的主张也很有力。系统梳理因果关系认识必要说与不要说的观点可以发现，二者并不存在实质差异。

（一）因果关系认识必要说与不要说

在我国刑法理论界，因果关系认识必要说主张因果关系的认识是故意要素的同时，认为因果关系具体进程的错误并不重要，对于其法律效果，有的认为不阻却故意，有的认为不阻却犯罪既遂。② 因果关系不要说的论据多元，例如，"由于故意的成立要求行为人对行为的内容与社会意义以及危害结果的认识，故行为人对自己的行为与危害结果之间的因果关系的认识，不是故意的独立认识内容"。③ "因果关系永远是现实的，不可能存在'可能'的因果关系。行为人的认识永远先于'结果'而存在于行为人头脑之中这一原理，决定了行为人无需对已经出现的有害于社会因果锁链要有再认识。因果关系的事实存在已不可能改变行为人先前对行为可能导致的某种结果的认识内容。因此，对因果现实关系的认识不应包括在行为

① 张小虎：《犯罪论的比较与建构》，北京大学出版社 2006 年版，第 379—381 页。杨芳：《犯罪故意研究》，中国人民公安大学出版社 2006 年版，第 532—533 页。姜伟：《罪过形式论》，北京大学出版社 2008 年版，第 360 页。论者所指的因果关系有无的错误可分为"误有为无"与"误无为有"两种情形，前者实质上是没有认识到结果、后者实质上是因果关系领域的问题；因果关系内容的错误可分为"误重为轻"与"误轻为重"，前者是对结果的不认识、后者则是行为人所意图的结果未发生。一言以蔽之，因果关系错误只存在于结果已经出现的情形。

② 陈兴良：《本体刑法学》，商务印书馆 1999 年版，第 336 页。张小虎：《犯罪论的比较与建构》，北京大学出版社 2006 年版，第 283 页。杨芳：《犯罪故意研究》，中国人民公安大学出版社 2006 年版，第 166—168 页。姜伟：《罪过形式论》，北京大学出版社 2008 年版，第 98 页。桂亚胜：《故意犯罪的主观构造及其展开》，华东政法大学博士论文 2006 年，第 39 页。张波：《罪过基本问题研究》，西南政法大学博士论文 2008 年，第 45—46 页。

③ 张明楷：《刑法学》，法律出版社 2007 年版，第 216 页。

人的认识内容之中。”①

在德国，虽然主流观点将因果关系作为故意的认识要素，但反对者也具有相当的影响力。由于行为经过中介入因素的多样性及行为本身的变异可能性的存在，德国刑法理论的主流观点对因果关系只限于认识到因果经过的基本轮廓（即忽略非重大偏离意义上的因果错误）。② 由于主流观点认为因果关系是结果犯的构成要件要素，在因果关系认识与现实发生重大偏离之时，适用德国刑法第十六条关于的规定阻却故意，成立犯罪未遂，以雅科布斯、施罗德为代表反对说则主张以过失犯罪处罚行为人。③ 与此相对，有学者质疑通说观点，认为“因果关系的认识不是故意的条件，对其不认识（它是否与这个过程的重要或者不重要的特征相联系）就不是应当根据第十六条（德国刑法第十六条是关于构成要件错误处理原则的规定——引者注）来处理的行为构成错误。更准确地说，属于故意的认识条件的，是作为客观归责基础情节的意识”，并进而提出了行为计划理论，即“客观行为构成的归责标准就是危险的实现，主观行为构成的归责标准就是计划的实现……，什么（还）是构成行为计划的实现，将总是根据规范性标准来决定的，行为人的主观想象构成的仅仅是客观评价的基础”。④

日本刑法理论的通说认为，即使因果关系错误不阻却故意，行为与结

---

① 杨兴培：《刑法新理念》，上海交通大学出版社 2000 年版，第 132 页。虽然这一观点混淆了因果关系认识存在与否与因果关系是否故意要件这两个不同的范畴，但是，其至少有一点是可取的：因果关系认识即使作为故意要件也不能以其错误而回溯性地否定故意的成立。

② ［德］冈特·斯特拉腾韦特、洛塔尔·库伦：《刑法总论Ⅰ——犯罪论》，杨萌译，法律出版社 2006 年版，第 120—121 页。［德］汉斯·海因里希·耶赛克、托马斯·魏根特：《德国刑法教科书》，许久生译，中国法制出版社 2001 年版，第 374—375 页。［德］约翰内斯·韦塞尔斯：《德国刑法总论》，李昌珂译，法律出版社 2008 年版，第 148—149 页。

③ ［德］汉斯·海因里希·耶赛克、托马斯·魏根特：《德国刑法教科书》，许久生译，中国法制出版社 2001 年版，第 376—377 页。

④ ［德］克劳斯·罗克辛：《德国刑法学总论》（第 1 卷），法律出版社 2005 年版，第 336—338 页。

果之间因果进程的认识也应当是故意的成立要素。[①] 与此相对，有力说则认为故意的成立并不以因果关系的认识为必要。[②] 与通说相似又有所不同的另一种观点认为，因果关系是故意的成立所必要的认识因素，但因果关系错误如果超越了相当因果关系的范围，则可能阻却构成要件性故意。[③]

（二）实质

1. 主观层面上的法律效果

在国内外刑法理论中，相当数量的因果关系认识必要说论者都认为因果关系错误阻却故意。然而，有学者提出异议，认为故意是客观存在的，因果关系错误并不能阻却故意。[④] 换言之，故意的成立以其成立要素的完备为标准，作为故意成立要素的事实是否与客观现实一致在所不问，后者与犯罪既遂相关联。

上述反对说的观点似是而非。说其“似是”是因为，一方面，从事理逻辑层面考量，作为心理要素的故意，是在事前对行为及结果的预测，其成立标准为观念事实与构成要件相合致。作为评价结论的犯罪既遂，是在事后对已经发生事态的回溯性考察，其判断标准为客观构成要件与主观构成要件的实现。如果故意的成立可以以事后发生的事实予以回溯性地否定，恐怕行为与责任同时存在的原则也不能被坚持，也就不能如论者所主张的那样成立犯罪未遂。另一方面，从实践层面观察，某甲误以为森林深处的某个黑影是大熊猫而加以射杀，事实上是某乙在披着玩具皮玩耍，最后，因枪响引发某乙心脏病复发死亡。某甲的认识内容是以猎枪射杀珍稀野生大熊猫，作为行为的结果则是某乙的死亡。如果某乙的死亡作为与行为人认识不同的内容，可以事后回溯性地阻却某甲猎捕珍稀野生动物的故意，某甲的行为就是过失猎捕珍稀野生动物罪与过失杀人罪（可能成立）

① ［日］山口厚：《刑法总论（第2版）》，付立庆译，中国人民大学出版社2011年版，第214页。［日］西田典之：《日本刑法总论》，刘明祥、王昭武译，中国人民大学出版社2007年版，第179页。

② ［日］大谷实：《刑法总论讲义》，黎宏译，中国人民大学出版社2008年版，第152页。

③ ［日］大塚仁：《刑法概说》，冯军译，中国人民大学出版社2009年版，第219页。

④ 蔡圣伟：《重新检视因果历程偏离之难题》，载《东吴法律学报》2008年第7期。

的想象竞合犯，然而，这明显不妥。即使认为对因果关系的认识是故意要素，将这一逻辑类推适用到因果关系错误事例中，也只能得出阻却故意犯罪既遂的结论。果如此，上文提到的德国少数说学者认为因果关系认识是故意成立要件，并且在因果关系重大偏离之时成立过失犯的观点，才是因果关系错误阻却故意的彻底实践者。只不过这种前后一致的观点因前提的错误而导致结论不能被接受。主流观点，一方面将因果关系错误视为对故意的阻却，另一方面坚持这时只能成立未遂犯的思路，是自相矛盾的。

说上述观点“而非”是因为，上述两项基于该观点的推论都存在瑕疵：如果客观事实未能实现故意的内容，换言之，客观构成要件未实现，此后的问题是通过行为导致结果发生具体危险性的判断完成对行为未遂与否的评价。在因果关系错误的场合，如果认为因果关系是故意的要素，并且这种实现存在着与认识不同之处（客观构成要件已经实现），这时就需要从客观到主观进行回溯性的考察，判断行为人对具体发生的事实是否可以认定具有故意。如果否定行为人对具体事实的故意，那么，由于行为人对行为危险性的认识是与客观现实相一致的，就具备未遂犯的故意，将行为人的行为评价为故意犯罪的未遂也就是合适的了。可见，如果将因果关系作为故意的认识因素，那么，因果关系的错误阻却既遂犯的故意。

2. 实质意义上的最终结论

一般而言，因果关系认识必要说的论者都不要求行为人对具体的因果流程有丝丝入微般的认识。例如，日本学者认为，行为人对因果历程的预见与客观存在的因果流程只要在折中的相当因果关系范围内重合，就不影响既遂的法律效果。受其影响，日本的判例也认为想象与预见的因果流程只要在重要部分一致即可。① 德国的主流观点则以“保持在根据普遍的生活经验可以预见的范围之内，也不构成对行为进行另外的价值评判提供理由”为标准判断因果经过是否发生“本质性”偏离，该观点也得到了判例的支持。② 笔者认为，上述因果关系必要说的论理实质都是因果关系不要说。申言之，一方面，在德国刑法理论中，无论是认识到“行为的基本轮

① ［日］野村稔：《刑法总论》，全理其、何力译，法律出版社 2001 年版，第 202—204 页。

② ［德］约翰内斯·韦塞尔斯：《德国刑法总论》，李昌珂译，法律出版社 2008 年版，第 149 页。

廓”，还是认识和事实上的因果关系处于“据普遍的生活经验可以预见的范围之内”，都是对行为性质的复述。前者自不必说，后者的实际含义就是行为客观发展过程是行为属性的一般化展开，行为性质的认识就等同于对行为因果关系的认识。另一方面，在日本刑法理论中，作为通说的相当因果关系说（即因果关系和预见的因果关系处于相当因果关系范围内）的实质含义是：事实上的因果关系处于可预测的范围内，可预测的标准当然是行为通常的性质。至于认为因果关系虽然是故意要素但却认识因果关系错误不阻却故意的观点，则是法定符合说的另一种彰显。然而，既然是法定符合，就是行为主客观面分别与构成要件符合，那么，行为主客观面分别与构成要件的符合导致主客观面只要在行为、结果符合即可，因果关系认识与事实上的法定符合就成为多余。事实上，持这种观点的论者是为了维系构成要件的故意规制机能。①

上述对因果进程法定符合的判断标准是相当理论的翻版。于是，第一，这种法定符合的标准是模糊的。因果经过的基本轮廓、客观的预见可能性、普通人的预见、经验法则等用语均反映出自身理论出身的模糊性。这就不难理解，有学者在此时将这些标准作为构成要件要素，在彼时却将这些标准作为因果关系的判断标准了。更为重要的是，上述判断标准本身的内涵就值得质疑：一方面，“因果过程的基本轮廓”是一种抽象的标准，没有具体标准的抽象最后只能成为对行为性质的复述。至于德国学者所说的“不构成对行为进行另外的价值评判提供理由”这一辅助标准，由于其事实上以不相当的判断为前提，因此，与其说这是一种标准不如说是一种结果。另一方面，日本学者将行为人认识的因果流程与实际发生的因果流程之间具备相当因果关系作为判断标准的观点，实质上就是为掩饰将客观标准纳入主观要素的判断而附加的添头。第二，鉴于客观归责理论在风险实现的判断中当然地会用到相当性的方法，这种主观归责意义上的相当性判断就有重复之嫌。更为重要的是，德国学者总是要求在客观归责的基础上再进行上述判断，② 这就导致理论上明显的前后脱节。可见，如果承认

① ［日］山口厚：《刑法总论》，付立庆译，中国人民大学出版社 2011 年版，第 214 页。

② ［德］汉斯·海因里希·耶赛克、托马斯·魏根特：《德国刑法教科书》，许久生译，中国法制出版社 2001 年版，第 374—375 页。

相当理论、客观归责理论在客观构成要件合致性判断中的地位，因果关系认识必要说实质上是因果关系认识不要说。果真如此，就理论实质而言，因果关系认识不要说和因果关系认识必要说的结论是一致的。第三，导致因果关系认识必要说异化为因果关系认识不要说的最终助力在于程序性标准对实体性标准的腐蚀。由于规范所假设的规范对象总是特定时空之下的一般人，加之作为一般人一分子的行为人不可能脱离一般的经验法则而行为，于是，一般人标准就成为推定行为人认识的常态手段。然而，一般人标准在具体个体中的变异可能性却在不断拷问这一程序性标准的实体正当性。

Roxin 针对因果关系错误所建构的行为计划理论，主张结果是否可以归责于故意应当以行为计划是否实现为标准，而作为行为计划标准的展开，需要在考察行为人目的的基础上顾及规范标准。然而，分析该说所提供的事例①可以发现，行为计划作为对事态的抽象，其标准是模糊、矛盾的。Roxin 在教科书中以桥墩案（既遂）、失火案（未遂）、圣母像案（未遂）、毒害案（未遂）、左右眼案（既遂）以及摔倒案（既遂）作为其理论展开。其中，失火案是客观归责的问题（这一点作者本人也承认），圣母像案是结果未发生，故本书的讨论仅限于其他四个案件。桥墩案与摔倒案类似，在上述两案中，某甲的行为计划都以行为目的（即致人死亡）的方式呈现出来，而且，由于行为计划的实现，因果过程的偏离也就变得不重要了。在此，论者背后的思维是：作为行为危险的实现，在评价意义上，死亡结果具有不可分割性，因此，只要是作为行为危险的结果出现，就可以不考虑因果历程的偏离。此处的行为计划就被抽象为了结果的出现。死亡结果的不可分性正好掩盖了这种抽象。在毒害案与左右眼案中，论者分别以行为目的未实现与行为目的实现为准得出了不同的结论。其中，对前者的行为目的未抽象，对后者的行为目的抽象为使人部分失明。对于为什么如此厚此薄彼，论者的解释是以规范性标准限制行为人的主观

① 案情简介：桥墩案，某甲欲将某乙推入河中溺毙，不料某乙头部撞击桥墩死亡；毒害案，某甲欲使用毒药使得某乙丧失生殖能力，不料某乙因中毒失明；左右眼案，某甲欲打瞎某乙左眼，不料打中右眼；摔倒案，某甲欲枪杀某乙，不料某乙虽躲过子弹但摔下平台而死。参见［德］克劳斯·罗克辛：《德国刑法学总论（第1卷）》，法律出版社 2005 年版，第 337—338 页。

内容，然而，所谓的规范性标准为何不能将前者抽象为身体机能丧失呢？可见，所谓规范性标准，本身就是一种任意性标准。规范性标准本身的价值性不仅赋予该标准在基本构造上的模糊性，而且造成该构造在实践中抽象标准的多样性。[①] 总之，行为计划检验标准的任意性将该说同因果关系认识不要说等同起来。

## 二、学说成因与问题破解：以主观不法论为基础将对应原理修正

上述因果关系认识必要说所呈现出的“病态”，要求我们应当及时地“对症下药”。追根溯源，明确问题的根源是合理解决因果关系错误的不二之选。通过对学术史上考察可以发现，因果关系的认识问题不是孤立存在的，其背后深藏着主客观不法论的博弈。因此，下文以作为客观不法论急先锋的客观归责理论为标本展开对问题的论述。

### （一）争论起源：客观归责理论的资产与负债

20 世纪 70 年代以前，客观归责理论还停留在限缩条件说适用范围的阶段，及至 Roxin 将客观归责理论体系化，以行为对法益受害结果具有法律上的重要风险，限缩行为人意志支配可能性的目的跃然纸上，[②] 换言之，客观不法成为确立主观不法的存在范围的标准，风险原则志在与故意的博弈中取得优势地位。

雷雨案和医院失火案成为客观不法论反击主观不法理论的突破口。其中，雷雨案案情为：甲劝乙在雷雨天到森林中，希望乙被雷劈死。医院失火案案情为：甲以杀人故意致乙轻伤，乙在医院就医时因火灾身亡。Roxin 对雷雨案的解释是，由于不可以将劝人散步的行为解释为法律意义的杀人行为，故而，以此为目的的故意就不是杀人故意；对医院失火案的解释是，由于不能将死亡结果的造成，看作是一种行为构成意义上的杀人，因

---

① 有学者试图以“不容许的风险”解读“规范重要性”这一规范性标准，这仍然难逃被人批评为“原地踏步”。参见蔡圣伟：《谋事在人 成事在天——论因果历程偏离于现代犯罪论体系中的定位》，月旦法学知识库数位出版部重新编辑。

② 许玉秀：《主观与客观之间——主观理论与客观归责》，法律出版社 2008 年版，第 11 页。

此应当在具体的杀人结果方面拒绝这个故意。① 换言之，行为只有在客观上具有法益侵害危险性（实行行为），才值得经历故意的检验；只有行为危险在客观上常态实现时（因果经过），才值得进行对故意的判断。本来，在主观不法论的视角下，雷雨案是通过否定故意而排除归责；医院失火案则借助因果关系认识错误得到阻却故意既遂的结论。就论理的说服力而言，由于无论如何不能否认雷雨案中行为人对结果事态的追求，故而，从存在论的角度无法否认行为人主观意志对客观事态发展的支配力，与之相对，客观归责理论通过实质化实行行为的路径合理地解释了该问题。然而，可否在认识内容上做相同努力而达到同样的效果呢？对此下文将详述。至于医院失火案，主观不法论的解释方式也未尝不可，然而，正如下文所述，其真正意义在于引出因果关系错误的思考。

客观不法限制主观不法的解释论路径以旧问题新解释的方式，遗留了上述资产。但也产生了如下的疑问：作为讨论的前提，应当以行为人的“所想”（行为的主观面），还是行为人的“所为”（行为的客观面）作为选定被视为判断标准的客观构成要件。换言之，无论是客观不法限定主观不法的思维，还是主观不法限定客观不法的路径，都是一定的客观事实与特定构成要件的对应，如何明确作为判断前提的构成要件是需要深入讨论的前提。这或许就是客观归责理论的负债吧！由于相当因果关系理论也在上述问题上的处理方式与客观归责理论相同，故该说同样面临着这一问题。

### （二）反思主客观不法：作为判断标准的客观构成要件的选择

为什么说客观归责理论无法提供判断标准呢？这或许还要回到对应理论寻找答案。德国刑法理论一般将对应原理作为判断构成要件合致与否的标准：② 只有行为的主观面与客观面分别实现了与客观构成要件要素

---

① ［德］克劳斯·罗克辛：《德国刑法学总论（第1卷）》，法律出版社2005年版，第245页。

② 由于日本刑法典没有规定故意的定义，而日本学界一般以客观构成要件限定故意的认识与控制范围，故对应原理当然地和该逻辑相一致。换言之，构成要件对故意内容的限制导致对应原理成为其必然的理论延伸。此外，正是由于日本刑法理论对客观构成要件故意规制机能的讨论，使其同样适用于上述客观不法对主观不法限制方式所进行的讨论。

的应合关系，才能完成构成要件合致性的判断。①② 构成要件符合性的判断关键在于客观构成要件的选择。按照客观归责理论的说法，则上述对应原理给出的判断方式显示出作为判断标准的客观构成要件的不确定性。申言之，其判断方式为："如果只是故意和客观构成要件不对应，为过失或不成立犯罪，如果只是行为客观面和客观构成要件不对应，则是未遂。"③ 认识错误的情形下，上述判断方式前半句中的"客观构成要件"是以客观事态为标准确认的构成要件；上述判断方式后半句中的"客观构成要件"是以行为人的主观想象内容为标准确认的构成要件。可见，作为判断标准的客观构成要件是不一致的，换言之，客观归责理论并没有提供作为判断标准的客观构成要件。

如果作为判断标准的客观构成要件源自行为在客观上所呈现出的样态。在认识错误发生在异质构成要件之间时，这种选取客观构成要件的标准就会呈现出不合理性：当客观事态是行为人所未能预见之时，依客观事态选择的客观构成要件无法实现与行为人主观内容的对应，因此，行为的评价仅仅依靠过失犯的处罚规定实现。然而，在任何国家的刑法理论中恐怕都不会有意识地忽略对行为人意图行为的未遂评价。于是，就要回归到行为人"所想"确定客观构成要件，换言之，以客观限制主观的判断标准势必要回归主观限制客观的逻辑标准，这种反复在司法资源被浪费的同时，也产生了如下疑问：某些客观无害的行为因客观构成要件不合致导致故意被否定。例如，空枪杀人事案。④ 以行为人"所想"作为选取客观构

---

① 林珏雄：《新刑法总则》，中国人民大学出版社 2009 年版，第 152 页。

② 对于主客观之间的关系，我国学者以犯罪论体系的演变为主线进行了细致的梳理，并且得出结论："主客观之间的简单对应关系已经不复存在……，价值考量参与到主客观的关系中来，对主客观的逻辑构造产生了深远的影响。"并且认为，主客观相统一原则已经丧失了存在的正当性。参见陈兴良：《主客观相统一原则：价值论与方法论的双重清理》，载《法学研究》2007 年第 5 期，第 113—119 页。事实上，我国刑法理论将客观要件放在主观要件之前进行判断，同时，坚持主客观相统一，这就应当是客观对主观的统一，如此而言，与客观归责在主客观关系上的看法基本思想是一致的。

③ 许玉秀：《主观与客观之间——主观理论与客观归责》，法律出版社 2008 年版，第 31 页。

④ 许玉秀：《主观与客观之间——主观理论与客观归责》，法律出版社 2008 年版，第 29 页。

成要件的标准是否可行呢？无法否认的是，在认识错误的情况下，如果存在过失犯成立的可能性，以行为人主观标准所选客观构成要件当然也会发生上述回溯性思考的问题。事实上，以行为人“所想”而非行为人“所为”为标准选取客观构成要件的最大优势在于：由于主观内容彰显方式的多样化，在以后者为准选取客观构成要件之时容易发生法条竞合而多重思考的问题，换言之，在发生法条竞合的场合，如果行为人“所为”在客观上偶然符合了某特殊法的要件，以行为人“所想”做最终判断时就会发生反复的回溯性思考的问题。可见，应当以行为人的主观内容作为选取作为判断标准的构成要件的基础，主观不法在不法定位中的核心地位不能被动摇。

既然以行为人“所想”为准确定客观构成要件，那么，就产生了如下结论：以行为人“所想”为准确定客观构成要件不就基本上等同于对行为主观内容构成要件符合性的判断吗？事实上，如果以行为人“所为”为准确定客观构成要件，以“所为”确定客观构成要件的过程就等于客观构成要件符合性的判断。以客观不法限定主观不法的客观归责理论无论如何不能实现其最初的设想。事实上，之所以以客观不法限制主观不法的思路不能贯彻，是因为这种逻辑实质上是一种查明犯罪的逻辑；以主观不法限定客观不法的逻辑之所以可以被坚持，是因为这种思路实质上是一种认定犯罪的逻辑。此外，上文关于因果关系错误与故意成立、犯罪未遂关系的探讨也说明了故意成立的独立性，无论是作为一种存在事实还是一种评价结论，故意都是一种具有独立意义的情状。如此说来，以行为主观面限制行为客观面所遗留的问题是：雷雨案及其相似案件如何处理。本书认为，通过行为性质的实质化理解可以解决这一问题。申言之，如果将劝人散步于雨天的行为解释为不具有导致结果发生的可能性进而否定故意的认识要素，就可以合理地排除故意的成立。最为根本的是，行为性质的实质化——无论在客观领域还是主观领域——涉及的是要素的体系性地位问题，体系性地位的安排最终都不能脱离体系的建构，因此，客观归责理论抓住这一体系性地位的问题抨击体系建构的逻辑本来就是不在一个层面上展开论理。

### （三）因果关系错误学说：客观归责理论与对应理论作用下的畸形物

如果按照客观归责理论以客观不法限制主观不法的思路，结合对应原理，在因果关系错误的事案中，分别进行行为客观面、行为主观面与行为构成要件符合性的判断，如果二者同时得出了符合的结论，是否就必然承认构成要件符合呢？恐怕不是这么简单，例如，在打击错误中，德国的通说就认为成立犯罪未遂与过失犯罪的竞合犯。于是，在对应原理之外，可以发现仍然隐藏着某种判断标准。具体到因果关系错误中来，之所以在合致判断的基础上，还要判断所设想的和实际上发生的因果经过之间的不一致是否属于“非本质性”、① 代行为人所期望的客观的可归责的因果过程必须是偏离的、但同样可客观归责的因果过程、② 行为人预见的因果过程与现实的因果经过在相当因果关系的范围内符合，③ 是因为存在客观与主观的些许不一致。既然在桥墩案等因果关系错误案件中否定犯罪既遂是不合理的、违背法感情的，既然在主观上需要对因果关系的认识，就必须说明因果关系错误在一定程度上是不重要的，可是，这不就等于不需要因果关系的认识了吗？

作为本书解释论上重要基础的法感情、法感觉、情理这类略显普通的用语，饱含着非凡的生命力：从刑法理论的宏观层面考察，无论是基于预防的思考，还是立足于报应的考量，刑罚就其根据的论断而言，不过是实现公民规范情感的置换物、同义语，这一结论不仅可以从康德基于平等原则探求正义的刑罚种类与幅度的设想中演绎，④ 而且可以从累犯、减刑等刑罚制度设计的目的中获得；从刑法理论的微观层面考察，法感情这类语词凝结着作为人类行为根基的行为规范的精华，以之作为解释论上具体问题检验方式的评价指标是合理的，这就可以解释很多中外刑法学者将其作为具体问题解释论上基本依据的现象；⑤ 由此引申出超规范的层面考察，

---

① ［德］约翰内斯·韦塞尔斯：《德国刑法总论》，李昌珂译，法律出版社 2008 年版，第 149 页。

② ［德］汉斯·海因里希·耶赛克、托马斯·魏根特：《德国刑法教科书》，许久生译，中国法制出版社 2001 年版，第 374—375 页。

③ ［日］大塚仁：《刑法概说》，冯军译，中国人民大学出版社 2003 年版，第 219 页。

④ 徐育安：《费尔巴哈之故意理论及其影响——以德国法为核心》，载《政大法学评论》第 109 期，第 10 页。

⑤ ［日］大谷实：《刑法总论讲义》，黎宏译，中国人民大学出版社 2008 年版，第 169 页。陈忠林：《刑法散得集（Ⅱ）》，重庆大学出版社 2012 年版，第 18 页。

由于人类行为无论如何不能脱离共识与经验，共识性经验就成为制定、解释及适用法律的生活基础。然而，一方面，并不是所有的共识性经验都可以通过逻辑语词展现出来；另一方面，对于不能通过逻辑语词展现的共识也需要寻求展示自己的平台和途径，只可意会不可言传的尴尬不是源于自身内涵的匮乏而是源于词语丰富程度的限制，于是，法感情这类语词的破土而出就成为上述矛盾化解的一种必然结果。由此可见，在刑法解释论上，与事理逻辑相比，法感情并非问题解释的补充性依据，而是最为根本的依据。

上述判断经过的重复是对应原理与归责客观化共同作用的结果。在现代刑法理论，秉持客观构成要件故意规制机能成为主流观点的基本立场。①于是，故意理所当然地被客观构成要件所限制。与此同时，由于归责判断客观化的趋势事实上导致了客观构成要件检验的实质化，在对应原理所确认的客观构成要件之下，在因果关系错误中以客观预见可能性限制主观归责的判断，就成为故意检验的必要环节。在此之后，鉴于对应原理是行为主客观面与客观构成要件的对应判断，因此，在因果关系错误的情形下，为应对存在论意义上主客观内容可能出现的不一致的情形，就必须在对应原理之外进行主客观相符合程度的相当性判断。这种情形下的因果关系认识必要性恐怕就大打折扣了。更为重要的是，在此情形下，从故意的认识内容中拿掉因果关系的认识不就是可能的了吗？这是由于，只要行为人主观上认识到了行为及结果，作为主观内容实现的客观方面也存在行为以及与之相对的结果就可以在上述因果关系错误事案中得出与上述烦琐判断相同的结论。

（四）问题对策：对应理论标准的修正与归责思想的彻底化

从故意的认识内容中拿去对因果关系的认识就必然面临着作为对应原理判断标准的客观构成要件的修正。修正对应原理评定标准（在我国是主客观相统一原则）的关键在于，因果关系不是客观构成要件要素这一违背通说的结论合理吗？换言之，作为主观构成要件要素的故意是否可以不以

---

① ［德］汉斯·海因里希·耶赛克、托马斯·魏根特：《德国刑法教科书》，许久生译，中国法制出版社 2001 年版，第 354 页。［日］大谷实：《刑法总论讲义》，黎宏译，中国人民大学出版社 2008 年版，第 149 页。

客观构成要件的全部内容为对象，还是在维持构成要件的故意规制机能的同时从客观构成要件中略去因果关系这一客观要素。这是由于，既然在构成要件符合性的判断后再进行主客观差别不重要的说理，就是说明客观内容作为主观内容展现的些许不一致是不重要的，这就是重视行为主观面的表现。既然如此，与其烦琐地进行双重判断，为什么不能通过因果关系而实现一次性的判断呢？事实上，因果关系仅仅是判断事案中是否存在行为及与之相对的结果的一个判断过程，其本身不能代替行为、结果的地位，确认了行为以及与之相对的结果的存在就可以确认客观构成要件的符合。于是，面对因果关系错误问题可以得出如下结论：放弃因果关系作为客观构成要件要素的地位。在对应原理之下还会产生重复判断的问题；后者可以避免重复判断的问题，在刑事立法上也不存在障碍，换言之，因果关系认识错误仅仅是客观归责的问题，与主观归责无关。

归责思想的彻底化是实现上述设想的钥匙：彻底践行新康德主义，不关注“本体的先在事实”，而应全然以“刑法的目的观”作为指引①，即以目的思想构建主观构成要件的内容，行为人的心理事实不过是刑法构建主观构成要件体系的取舍基础。将法益保护思想作为构建刑法体系的基石，基于这一思想，只要是对行为性质及结果具备认识，对行为与结果之间因果关系的认识并不是犯罪评价体系中的重要因素，即从价值中引导出价值，从最大限度地保护法益的立场出发对作为客观存在的行为人主观内容予以取舍，在行为人认识到了行为危险及行为结果的情况下，作为理性存在的行为人就负有不去侵害法益的义务，若行为人违背这一义务而实施了行为，违背义务的决定就构成了对行为人否定评价的基础，一旦行为在客观上可以实现归责，在主客观结合观察的视角下，无论是基于报应的考量还是立足于预防的观察，赋予行为人既遂的法律效果都是正当的。作为行为人主观内容的具体实现，仅需要关注行为人违反刑法义务而行为的结果是否与行为人的预见一致。否则，任何人都可以实施类似的行为而追求犯罪未遂的评价，其最终的恶果就是，刑法的适用不能给人以安全感，行为人将社会共识性价值玩弄于股掌之中。简言之，义务赋予是一切归责判

---

① 林东茂：《一个知识论上的刑法学思考》，中国人民大学出版社 2009 年版，第 26 页。

断的前提，违背义务造成结果是所有归责的充分条件，毕竟责任来源于义务。

有必要说明的是，为什么不将因果关系与实行行为一样在主观归责的范围内解决，即将客观归责的任务完成于主观归责的判断过程之中。与实行行为的实质性限定不同，因果关系本身发展的多样性与较微弱的可控性决定了现实中因果关系主观归责没有实际效果。例如，虽然就桥墩案而言，可以在主观归责中以相当性标准实现因果关系的归责判断，但是，在医院失火案中，在主观中进行的因果关系归责判断与在客观中进行的因果关系归责判断得出不同的结论，这时最终的标准仍然是客观上的归责判断，那么，与其这样重复，不如在客观归责领域内一次性解决问题。

从故意概念的角度，由于我国刑法规定故意的成立仅仅需要认识到“行为会发生危害社会的结果”，这里的“会发生”既可以解释为行为性质，也可以解释为因果关系，可见，将因果关系排除出故意要素并不存在刑事立法障碍，此外，不能否认的是，将“会发生”解释为行为性质存在和前文“行为”的重复问题，但这或许是语言本身的局限性所致。从未遂犯的规定及解释观察，将“未得逞”解释为未发生结果已经被主张，① 既然可以将结果归属于行为人的行为，否定犯罪既遂的结论也就因与上述解释相抵触而不能被接受，因果关系的认识就不能成为故意的要素；从刑法基本原则视角上看，作为罪刑法定原则的精神内核，罪刑相适应原则要求不仅关注行为的法益侵害，还要将视角落到行为人对刑法所保护价值的对立态度以及行为人的危险性之上。以桥墩案为考察对象，从上述三个侧面观察，对行为人赋予未遂的法律效果是不合理的。综上，在我国刑法规定的范围内，下述结论也能得到证明：因果关系错误不是故意的要素，在客观上可以归责的基础上，因果关系的偏离不阻却故意犯罪既遂。由于打击错误本质上是一种因果关系错误，因此，打击错误也不阻却故意犯罪既遂。至于对象错误，本质上是一种动机错误，② 按照上文给出的判断构成，不阻却故意犯罪既遂。

---

① 张明楷：《刑法学（第3版）》，法律出版社2007年版，第288页。

② 事实上，之所以法定符合说和具体符合说在对象错误中的结论一致，就是因为这种错误本质上与构成要件要素无关。

## 三、对行为客观面的检验：合法则条件说与相当理论的结合

既然因果关系错误是客观构成要件领域内要解决的问题，那么，客观构成要件领域内的归责判断能否具有一个具有可操作性的标准则至关重要。在本部分中，论者先就归因与归责的关系做出梳理，并且得出应当将二者区分开来的结论；之后，通过考察相当理论与客观归责理论而找出客观可归责的标准。

在刑法理论中，因果关系是一个形式上略显传统、实质上却饱含生命力的领域。受自然科学实证主义的影响，作为犯罪检验理论体系化拓荒者的古典犯罪论体系，以机械流程式的方法完成对客观构成要件实现与否的判断。① 在这之后，原因理论、相当理论、重要性理论、合法则条件说纷纷登上历史舞台。在“你方唱罢我登场”的规则被不断破坏之后，客观归责理论的脱颖而出使得争论暂时得以平息。自客观归责理论勃兴，传统意义上的因果关系理论日渐式微，客观归责论者立场鲜明地区隔了与因果关系理论的“势力范围”。② 然而，对因果关系与客观归责之间关系的质疑却并不鲜见。③ 有学者提出，客观归责理论仍然是一种因果关系理论，④ 因此，为正本清源，应当清理因果关系与客观上归责判断之间的关系。

在客观归责理论盛行的当下，以功能论为出发点，无论是将自然因果关系与归责相区别，还是以因果关系概念总括上述的判断过程，都是为检验客观构成要件实现与否提供标准化作业的流程。“因果关系究竟是物理的、实在的关系（存在论的因果关系），还是观念的、逻辑的关系（逻辑的结合说），在理论上还有争议。前者是指原因事实上产生了结果这种关系；后者意味着原因与结果之间的关系，是事项与事项之间的恒常的、规

---

① ［德］李斯特：《德国刑法教科书》，许久生译，法律出版社 2006 年版，第 184 页。

② ［德］约翰内斯·韦塞尔斯：《德国刑法总论》，李昌珂译，法律出版社 2008 年版，第 93 页。

③ 许玉秀：《主观与客观之间——主观理论与客观归责》，法律出版社 2008 年版，第 205 页。

④ 刘艳红：《客观归责理论——质疑与反思》，载《中外法学》2011 年第 6 期，第 1218—1221 页。

则性的关联。"① 在存在论的意义上，因果关系是一种继起、引起意义上的关联关系；在逻辑、观念的视角下，由于"恒常的、规则性的关联"就等于客观的预见可能性，而且这种客观的预见可能性通过限制主观的预见可能性而限缩意志支配的可能性，因此，这一层面的因果关系可能与客观归责理论的构想②连接在一起。质言之，"逻辑的结合说"之下的因果关系，是归责意义上的"因果关系"。由此可见，在将因果关系与检验客观构成要件实现与否的流程等而视之的意义上，因果关系可能在如下两个层面上出现：存在论（因果律）、归责论。③ 如果坚持将归因与归责区别开来，就应当探讨区隔上述两个层面含义的可能性。

一方面，从方法论上考量，"价值不能从存在引申出来，只能从价值引申出来，是目的层面的方法论，而存在决定价值是手段层面的方法论，这两种方法论观点各有其正确性，并不互相对立，而是在不同层面同时存在，也就是互为辩证的存在"。④ 存在论上的因果关系——由于其包括规则性关联意义上的诸多事态——在超越客观预见可能性的范围内基于其可控性的特质，在价值层面上能够作为可以被关注的手段。例如，博士论文的写作需要安静的环境，只有当客观上能够预见到夜间比较安静适合思考的情形时，才能基于提高写作效率这一价值考量而昼伏夜出。

从因果关系理论的学术史上考察，自犯罪成立理论体系化以来，除了Roxin所建构的目的理性体系对客观构成要件的实现做了价值思考之外，从古典体系到新古典与目的体系均在纯粹因果律的基础上检验客观构成要

① 张明楷：《外国刑法纲要》，清华大学出版社2007年版，第116页。

② 与主观不法论相反，以客观归责为代表的客观不法论尝试着以客观的法益受害的重要性限制意志支配可能性。客观的预见可能性就包含着客观上对法益受害有重要性的事态。参见许玉秀：《主观与客观之间——故意理论与客观归责》，法律出版社2008年版，第11页。

③ 以上两个层次是自上而下包含但又不同的，存在论意义上的因果关系是一种引起的关系，其范围最广；归责意义上的因果关系（如果有的话），是一种规范重要性意义上的因果关系，其范围最窄。例如，某甲与某乙探讨毕业论文写作，某甲深受打击，对顺利毕业很是担心，存在论意义上的因果关系表现为某甲因此跳楼或者压力过大引发心脏病复发死亡（甲的心脏病极易因压力过大复发）；归责意义上的因果关系表现为某乙的辱骂、贬低使得某甲自尊受到打击。

④ 许玉秀：《犯罪阶层体系方法论初探》，载《政大法学评论》1987年第6期。

件的实现。[①] 其中，新古典体系——作为实践新康德主义哲学的先锋——都没有能够把方法二元论彻底地贯彻到客观构成要件实现与否的判断中的事实，至少从哲学根基上说明了因果律意义上因果关系的强大生命力。[②] 那么，是否可以据此将归因区别于归责呢？在此，成问题的不是因果律被承认为因果关系的判断标准，而是在于被归类于因果律应用成果的相关学说的实质。换言之，条件说是归因学说吗？哪种学说能够彻底践行因果律？

第一，在刑法理论中，无论是否支持客观归责理论的独立地位，将条件说认定为践行因果律的因果理论的观点并不少见。[③] 一般认为，条件说以“如无前者，即无后者”的标准检验因果关系。这是一种典型的排除法思维。在典型的一因一果情形中，上述公式并不存在疑问；在大多数介入因素和多因一果的情形下，正是这种形式的“排除法”背后所隐藏的相当性思维，使得条件公式实际上与司法中无罪推定的原则不相抵触。然而，“排除法”基本思维方式上的择一性，必然导致存在多个相当性结论时的不可归因性。此外，作为该规则适用前提的成问题的判断对象，至少在多因一果的情况下其确定标准是相当性思维。可见，条件说可能因其所处自然科学实证主义的时代而谋求自然因果的判断标准，然而，客观分析其内容，该理论本身就是一个归因与归责判断相互交织的规则体系。

第二，合法则的条件说彻底地实践了自然因果律的思考。按照该说的观点，“在紧接着行为之后是否产生对外界的改变，且这种改变依据我们知晓的自然法则与行为是存在必然的联系的，并作为符合构成要件的结果”。[④] 在作为犯的领域，合法则的条件说是不存在疑问；其最大的问题可能存在与不作为犯的领域。在不作为犯领域，虽然可以抛开行为人的作为

---

① 林东茂：《一个知识论上的刑法学思考》，中国人民大学出版社 2009 年版，第 18—27 页。

② 在此，可能的疑问是，彻底践行新康德主义的目的理性犯罪论体系终归还是在客观构成要件领域，将价值判断凌驾于事实关系的确认之上。但这同样不能否认因果律在此的基础意义。

③ 刘艳红：《客观归责理论——质疑与反思》，载《中外法学》2011 年第 6 期，第 1218 页。周光权：《客观归责理论的方法论意义——兼与刘艳红教授商榷》，载《中外法学》2012 年第 2 期，第 228 页。

④ ［德］汉斯·海因里希·耶赛克、托马斯·魏根特：《德国刑法教科书》，许久生译，中国法制出版社 2001 年版，第 345 页。

义务，认为不作为之后产生了作为构成要件结果的外在世界的改变，但是，如果抛开行为人的作为义务，所有在场且具有作为能力的主体都不可避免地与最终的结果产生法则关系。换言之，在不作为犯的场域，按照合法则的条件说，虽然可以实现归因与归责的区分，但是，归因无法发挥限制归责范围的作用。

任何事物在价值上都有正负之分，这一原理普遍到吃饭管饱也能撑死人、特殊到犯罪检验理论体系化的利弊之分。然而，我们还是选择了吃饭与犯罪论体系的事实，正说明了利弊取舍之后的最优选择。如上所述，彻底实践自然因果律的合法则条件说可以实现归责意义上因果关系的剥离，却面临着不作为犯中的困境。于是，在价值背后居于优位的主体需要，就成为是否坚持归因与归责区隔的实质标准。由于作为犯罪后果的刑罚是以剥夺公民个人的基本人权为内容，犯罪成立检验系统的建构就不能不以精细化为方向。只有在精细化的思想指导之下才能有健全的说理机制以及广袤的论理空间。在辩方刑事证据获取乏力的背景下，健全的说理机制对于控辩双方平等对话以充分保障人权具有重要意义。归因与归责的区隔正符合精细化思维的要求。与之相对，如果坚持归因与归责的区分，合法则的条件说在不作为犯领域至多是做了无用功，从作为终极目标的人权保障视角观察并无负价值。因此，归责与归因的区分未尝不可；因果关系的判断与因果律为标准也难言失当。

另一方面，即使可以在观念上实现归因与归责的区隔、合法则的条件说可以实现归因的功能，然而，客观归责理论或相当理论是否可以实现归责思维的期待呢？一般而言，刑法理论对客观归责理论与相当理论作为归责理论的地位是承认的。然而，最近有学者指出，客观归责理论仍然是因果关系理论。其理由在于：一是客观归责理论以因果关系理论为前提；二是构成要件行为与构成要件性的因果关系都是解决行为是否符合构成要件的问题。[①] 理由一本身是正确的，但从上文关于归责与归因的论述来看，该理由不能成为将客观归责等同于因果理论的原因，否则，生存以吃饭为前提，吃饭等于生存，人与动物何异？至于理由二，该论者显然是预设了

① 刘艳红：《客观归责理论——质疑与反思》，载《中外法学》2011 年第 6 期，第 1218—1220 页。

一个前提：客观归责理论不是构成要件理论。① 这一前提从该论者从雷雨案推导出的客观归责理论的意图可以证明。客观归责理论的出发点是为了解决因果关系问题，及至 Roxin 将其体系化之时，客观归责理论就已经走出了因果关系的领域，着力以客观目的限制主观不法并因而成为对抗主观不法论的利器，正如学者所说，"客观归责理论是实质的构成要件理论"。② 此外，与客观归责不同，因果关系也不是解决行为是否符合构成要件的问题，行为符合构成要件取决于行为性质以及行为与结果之间的关系。如果说客观归责理论是站在自己立场之上区分归因与归责，那么，只要能够明确区隔二者并且这种区隔有实益就不应被质疑；上述论者对客观归责理论的质疑，则是预设了因果关系是包含归因（条件理论）与归责（相当理论）之后的展开，而客观归责论者则认为相当理论并非归因理论。可见，二者的思考本身就不在同一语境之下。

事实上，客观归责理论真正的危机不在于因果关系理论的质疑，而是源自相当理论的挑战。虽然相当理论早于客观归责理论成型，但是，相当理论却因其判断标准的模糊性而饱受质疑。③ 如果对实行行为做实质性限定，在因果过程的归责判断中，客观归责理论与相当理论相比并没有什么优势可言，④ 反倒是相当理论由于相当性本身的内涵极为狭小，能够更好地适应多样的情势。例如，在存在介入因素的情形下，很难认为先行行为一定具有导致结果发生的客观危险性。从这个意义上来说，客观归责理论有其缺陷：该理论认为风险的实现是先前判断成立的已经制造的不被容许的风险的常态实现。但是，在被害人行为介入的情况下，某些情形并不是先前风险的常态实现，而只是可以根据先行行为导致被害人行为的相当性

---

① 此外，该论者以客观归责理论吸收了违法性及责任阶层的成分而认为其不是构成要件理论更像是犯罪成立理论。参见刘艳红：《客观归责理论——质疑与反思》，载《中外法学》2011 年第 6 期，第 1225 页。以此类推，构成要件理论吸收故意、过失等主观要素的过程也是一种向大一统的一个阶层的迈进？

② 许玉秀：《主观与客观之间——主观理论与客观归责》，法律出版社 2008 年版，第 206 页。

③ 苏俊雄：《从刑法因果关系学说到新客观归责理论之巡历》，载《法学家》1997 年第 3 期，第 73—74 页。

④ 张健一：《解构刑法中的因果关系》，载《武汉理工大学学报（社会科学版）》2012 年第 6 期。

来承认归责。例如，被害人长期承受着被告人严重、恶劣的暴行。某日，被害人抓住时机逃走，为了躲避被告人的追赶而闯入高速公路，不幸被急速行驶的汽车撞死。在本例中，很难说被害人死亡的结果是被告人暴行所制造风险的常态实现，但是却不能否认对被告人的归责。由此可见，应当以相当理论而非客观归责理论完成将结果归责与行为的判断。

## 四、利弊并存：主客观不法博弈视角下的客观归责理论

客观归责理论是20世纪刑法学研究中最为重要的成果，其不仅颠覆了传统的因果关系判断，还影响到了主观不法与客观不法之间的博弈。深入的分析该理论的逻辑及相关事例，并不能得出客观不法在不法判断中具有决定性作用的结论。在主观不法与客观不法的关系上，本书无意反攻倒算，然而，客观不法论在战胜主观不法论之后已然红得发紫，对其加以必要的质疑并不过分。在本书所论及的范围内，客观归责理论的贡献有二：一是将新康德主义的基本思想贯彻到不法和责任的判断中，以法益原则与答责性观念指引上述两个阶层的构造；二是将因果关系错误问题放到了显微镜之下，为破除对应原理的“不法统治”提供了最佳引信。在主观不法的核心地位被承认的前提下，无论是从刑罚目的还是从犯罪论体系上看，因果关系的认识都不能成为故意的要素。结果的客观可归责性以及行为人对行为及结果的认识就足以保障主客观归责的实现。历史总是惊人的相似：以前在思考刑法问题（既包括总论问题，也包括个论问题）时，最后的思维总是落脚到最为基本的、体系性的问题。对因果关系认识错误问题的思考自然也不能例外。再微小的理论问题也不能脱离基本立场、基本方法与刑法理论体系的感悟与一再发生、此起彼伏的对具体问题争论的事实提醒我们，无论是刑法基本立场的抉择还是刑法体系的构建，我们都还只是在路上。

如果像本书所主张的那样，因果关系并非故意的认识内容，那么，如何解释我国《刑法》第十四条中“明知自己的行为会发生危害社会的结果”中的“会”呢。这里的“会”应当解释为对行为性质的复述、强调。这种强调不仅仅是对行为性质的单纯复述，而且也蕴含了对行为导致结果发生的判断是基于行为性质对结果的经验性的相当关系。换言之，这里对行为“会”发生危害结果的发生并不是一种简单的空想、联想，而是一种

基于对行为当时客观事态的认知结合经验法则做出的判断。如此理解“会”的含义在如下事例中是有意义的：甲遭到乙的出轨背叛，甲怀恨在心，愤愤不平，在打靶时将靶子视为乙的替身枪击解恨，不料乙正好站在枪靶的后面中弹身亡。在该例中，甲并没有认识到乙的存在，纵然甲极端期望靶子就是乙，仍不能认为甲具有自己的行为能够导致乙死亡的判断。与之相似，在行为人劝人乘坐飞机，后该乘客因飞机故障失事而死亡的案件中，也不能得出行为人对乘客死亡具有故意的结论，因为无论如何不能认为劝人乘坐飞机的行为具有相当的致人死亡的危险性。

综上，犯罪故意事实性认识的内容包括：行为与结果的内容及其社会意义。作为上述内容的延伸，特殊身份、犯罪对象的状态，由于可以影响到对行为与结果社会意义的认识，应当成为故意的认识内容；而作为一种立法拟制的刑事责任年龄，则不应成为故意的认识内容；至于刑法分则规定的特定时间、地点、方法，由于其可以影响对犯罪对象状态的认识，也应当是故意的认识内容。就故意的认识程度而言，由于主观责任的制裁理性源于行为人对法规范、法秩序的对立态度，而认识程度对行为人规范对立意志的征表意义有限，因此，以认识程度区隔“明知”与“预见”并不合理。客观不法在不法判断中的定向作用与对应原理相结合，推导出因果关系认识作为故意内容的结论。然而，在错误论的视角下，现有的因果关系认识必要说都是因果关系认识不要说。坚持主观不法在不法判断中的核心地位，同时将因果关系逐出作为对应原理判断标准的客观构成要件，也能在因果关系错误事例中，得出不违背法感情的结论。因此，因果关系不是故意的认识内容。在因果关系认识错误的事例中，认定行为成立犯罪既遂的关键，在于是否可以将已经出现的结果归责于行为人的行为。客观上的归因与归责的判断，应当分别借助合法则的条件理论与相当理论来完成。

# 第三章　故意与违法性认识[①]

曾几何时，作为犯罪本质属性的社会危害性，被视为我国刑法理论较之于西方刑法理论的优越之处；[②] 进而，爱屋及乌，社会危害性认识作为故意的认识要素也一直被奉为圭臬。21 世纪以降，对社会危害性理论体系地位的批判不绝于耳、此起彼伏。[③] 于是，殃及池鱼，违法性认识理论的拨乱反正被不断提及。以犯罪论体系的重构为契机，作为一种舶来品的违法性认识理论着力于抢占刑法学话语体系的核心地位。在社会危害性（认识）理论因规范品质阙如而备受指责的当下，检视违法性认识理论并辨析其利弊得失，成为客观评价两种理论的方法论基础。

---

① 违法性认识，近年来又称不法意识。由于刑法理论对违法性认识是否故意要素的研究在前，故意与不法意识分离与否的讨论在后，为精确反映该问题的学术史脉络，本书第三、四两章分别使用违法性认识、不法意识。

② 马克昌：《刑法通论》，武汉大学出版社 1991 年版，第 65—66 页。

③ 陈兴良：《社会危害性理论——一个反思性检讨》，载《法学研究》2000 年第 1 期。陈兴良：《社会危害性理论：进一步的批判性清理》，载《中国法学》2006 年第 4 期。

# 第一节　问题的缘起

## 一、学说诸相

违法性认识理论大致分为违法性认识的概念和违法性认识体系地位两个方面。就违法性认识的概念而言，我国刑法理论存在实质违法性的认识（社会危害性、法益侵害性）说①、法律所不容许的认识说（违法性认识必要说中的主流观点）、② 刑事违法性的认识说③的争论。就违法性认识的体系性地位而言，我国刑法理论存在违法性认识不要说（或称社会危害性认识必要说，该说是通说）、④ 违法性认识与危害性认识择一说、⑤ 违法性

① 陈忠林：《违法性认识》，北京大学出版社 2006 年版，第 8 页。刘艳红、万桂荣：《论犯罪故意中的违法性认识》，载《江海学刊》2003 年第 5 期，第 122 页。周晶敏：《违法性意识：故意犯罪之要件》，载《法学》2003 年第 3 期，第 75 页。

② 黎宏：《论违法性认识的内容及其认定》，陈忠林《违法性认识》，北京大学出版社 2006 年版，第 389 页。谢望原、柳忠卫：《犯罪成立视野中的违法性认识》，载《法学评论》2003 年第 3 期，第 22 页。莫晓宇：《知与恶——犯罪故意中的违法性认识》，载《法学评论》2006 年第 4 期，第 27 页。方加亮：《违法性认识解读》，载《河南社会科学》2003 年第 4 期，第 60 页。闻建华、陈勇、罗鹏：《再论刑法的违法性认识》，载《西南民族大学学报》（人文社科版）第 26 卷第 9 期，第 127 页。

③ 陈兴良：《违法性认识研究》，载《中国法学》2005 年第 4 期，第 139 页。吴念胜：《犯罪故意成立：违法性认识还是危害性认识》，载《政法学刊》2008 年第 5 期，第 5 页。周光权：《违法性认识不是故意的要素》，载《中国法学》2006 年第 1 期，第 165 页。

④ 姜伟：《罪过形式论》，北京大学出版社 2008 年版，第 117—118 页。李兰英：《间接故意研究》，武汉大学出版社 2006 年版，第 76—80 页。朱炜、王洁：《社会危害性认识在犯罪故意中的地位再商榷》，载《江西社会科学》2005 年第 11 期，第 220 页。

⑤ 童之伟、李希慧：《违法性认识在故意犯罪成立中的地位》，载《石油大学学报》（社会科学版）2003 年第 5 期，第 72 页。

认识与危害性认识共同必要说、[1] 违法性认识必要说（有力说）、[2] 违法性认识可能性必要说[3]的对立。

事实上，无论是从理论构造上分析，还是在具体问题的结论上考察，上述纷繁复杂的学说之间，并没有如纷呈的外观那样有重大的差异。这一实质上的相似性部分来源于对违法性认识中“法”理解的差异。例如，多数的违法性认识不要说将违法性认识中的“违法”理解为形式上违法，然而，如果将这里的“违法”理解为实质上违法，社会危害性认识必要说也可以说是违法性认识必要说。具体问题处理结论的相似性部分来源于规范效力层级的递增性与构成要件的限缩功能的结合。由于我国二元处罚模式构造的存在，刑事违法行为往往具有相当程度量的要求，而事实性认识的构成要件符合性判断承载着这些行为量的考察。于是，这种事实判断本身就将多数的不法行为排除出可选择的范围。此外，无论是社会危害性认识、还是一般违法性认识、抑或是刑事违法性的认识，如果将认识主体限定为一般人，那么，规范之间效力的递增性将因主体认识能力的不可苛求性而大幅度细微化，两项因素的结合使得上述学说在具体问题处理的结论上看似并无不可逾越的鸿沟。

---

① 齐文远：《论犯罪的故意》，湖北财经学院硕士学位论文 1985 年，第 18 页。转引自于洪伟：《违法性认识理论研究》，中国人民公安大学出版社 2007 年版，第 41 页。

② 田宏杰：《违法性认识研究》，中国政法大学出版社 1998 年版，第 57 页。冯军：《刑事责任论》，法律出版社 1996 年版，第 226—228 页。贾宇：《论违法性认识应成为犯罪故意的必备要件》，载《法律科学》1997 年第 3 期，第 63 页。张阳：《犯罪故意成立视野下的违法性认识》，载《石油大学学报》（社会科学版）2005 年第 4 期，第 74 页。

③ 如果说上述其他学说还多是在现有“四要件”的犯罪论体系之下的论述，那么，该说则是以故意与违法性认识可能性的分离为基础，超脱出故意的范畴谈论违法性认识的体系地位。参见周光权：《违法性认识不是故意的要素》，载《中国法学》2006 年第 1 期，第 165 页。此外，在该说中，存在将违法性认识的可能性作为故意要素的观点。参见李邦友：《违法性意识的可能性应是认定故意的要素》，陈忠林：《违法性认识》，北京大学出版社 2006 年版，第 297 页。

## 二、违法性认识理论的知识谱系

域外刑法理论的引入肇始于清末修律，彼时的刑法理论受德日等国影响较大；新中国成立初期，苏联成为我国刑法知识的主要输出国，以“四要件”理论为核心的刑法知识体系一度垄断了刑法学的话语体系；改革开放以来，随着各种外籍书刊的译介，理论观点百家争鸣、百舸争流。揆诸我国刑法理论的近现代发展史可以发现，我国基本是知识的输入国。因此，追根溯源，回到理论的源头探求理论的基本内涵，是衡量外来知识的适应性并进而抉择是否进行知识移植的逻辑前提。违法性认识理论自然也不例外。

在苏联刑法理论的语境中，与违法性认识存在关联的理论点有两个：故意的要素与犯罪特征。一方面，社会危害性认识而非违法性认识被视为犯罪故意的要素。对于二者的关系，学者如是说道：“不能把认识行为的社会危害性同认识它的违法性混为一谈。违法性是社会危害性的法律术语。在苏维埃法律中，一切违法行为都具有社会危害性，但是，危害社会行为并不都是违法的。认识违法性对认定行为是否有直接故意并无意义，因为法律并没有把认识违法性包括在故意的定义中。”① 进而，错误论中的法律错误（与我国通说刑法理论相同，苏联刑法理论中的法律错误不仅涉及犯罪成立与否的错误，而且关系到刑罚量及刑罚种类的错误）也不构成对刑法评价的威胁，因为“对违法性的认识并不是罪过的组成部分”。② 苏联解体后，承袭其理论精神的俄罗斯刑法理论处理违法性认识及错误的基本立场，并未发生原则性变动。③ 另一方面，在论述犯罪要件时，苏联学者认为：“犯罪是刑事违法行为，………这里所谈的关于刑事违法性，即

① ［苏］H. A. 别利亚耶夫、M. Л. 科瓦廖夫：《苏维埃刑法总论》，马改秀、张广贤译，群众出版社 1987 年版，第 150 页。

② ［苏］H. A. 别利亚耶夫、M. Л. 科瓦廖夫：《苏维埃刑法总论》，马改秀、张广贤译，群众出版社 1987 年版，第 165 页。

③ ［俄］Л. В. 伊诺加莫娃-海格：《俄罗斯联邦刑法（总论）》，黄芳、刘阳、冯坤译，中国人民大学出版社 2010 年版，第 97—98 页。

触犯刑律的问题，而不是违反其他法律或法律规范。”[①] 将刑事违法性作为犯罪四特征之一的俄罗斯刑法学者也存在类似的论述。[②] 由此可见，违法性认识——在苏联及俄罗斯刑法语境中——是行为具备刑事违法特征的认识；违法性认识存在与否与犯罪评价无关。至于这种违法性认识，是一般人的刑事违法性认识，还是学者们精细化的认识则并不明确。如是观之，考虑到我国通说的言说体系来源于苏联刑法理论的事实，[③] 至少在“四要件”语境下对违法性认识的研究，应当是本源与将违法性认识等同于刑事违法性认识的逻辑。当然，不能否认“四要件”体系之下通过理论创新而摆脱上述逻辑的可能性，换言之，在“四要件”体系内并非不能将违法性认识解释为不同于刑事违法性的认识，但是，如此的解释就已然超脱了作为其理论来源的苏联主流刑法理论。

事实上引发我国刑法学界对社会危害性认识与违法性认识相关问题争论的“违法性认识理论”，是起源于德日刑法知识的引介。从发生学的角度考察，在 18 世纪与 19 世纪之交的大陆法系国家中，作为意志责任的罪责思想深受自亚里士多德以来的伦理学影响，违法性认识并没有获得应有的体系性地位。及至费尔巴哈将心理学知识导入刑法理论，以心理强制说与消极的一般预防理论为思想基础，违法性认识才成为故意成立的必要条件。这一思想成果突出地呈现在费尔巴哈所拟定的巴伐利亚 1813 年刑法中。[④] 在此之后的 200 余年，故意的成立是否需要违法性认识的问题一直

---

① ［苏］Н. А. 别利亚耶夫、М. Л. 科瓦廖夫：《苏维埃刑法总论》，马改秀、张广贤译，群众出版社 1987 年版，第 64 页。

② ［俄］Л. В. 伊诺加莫娃-海格：《俄罗斯联邦刑法（总论）》，黄芳、刘阳、冯坤译，中国人民大学出版社 2010 年版，第 29—30 页。

③ 例如，我国学者认为：“一般认为，所谓刑事违法性，即指某种行为违反刑事法律所具有的特性，……是对所有刑事法律规范的违反，它不仅包括对刑法总则的违反，也包括对刑法分则的违反。除此之外，还包括对所有的特别刑法与附属刑法规范的违反。”参见赵长青：《刑法学》，法律出版社 2000 年版，第 73—74 页。

④ 该条文为：“若有人将其行为导致犯罪的后果，作为该行为之目的与意图，并且对于此决定之违法性及可罚性有所认识，则该犯罪系基于违法之故意而为之。”转引自徐育安：《费尔巴哈之故意理论及其影响——以德国法为核心》，载《政大法学评论》第 109 期，第 5—19 页。

处于争论之中，各种纷繁复杂观点实质上并不存在重大分歧。① 即便是规范责任论的提出仍然不能阻止学界根据制定法的规定解释故意要素，但是，也有很多学者从规范的罪责理论出发将违法性认识解释为故意要素。例如，希佩尔认为："作为对规范责任论的推论，今天，对违法性的认识大体上被接受进故意，因为，现在认为在不能够回避禁止性错误的场合，似乎不应当对行为意志进行非难。"② 此后，物本逻辑引入刑法信条学，规范责任论与目的行为论的结合则导出了责任说，进而形成了违法性认识问题上责任说与故意说并立的局面。与违法性认识体系地位的复杂性相似，大陆法系国家刑法理论关于违法性认识的含义也存在较大争论，我国学者通常将德日刑法理论中对该问题的观点归纳为四个观点："前法律规范的违反""违反法律""违反刑法"与"可罚的违反刑法"。③ 既然存在基本内涵的冲突，就必须深入梳理各种概念的实质差异。

## 第二节　违法性认识理论本体研究

理论研究中是不适用求同存异原则的。无论是出于理论体系一贯性的考虑，还是基于具体结论合理性的需要，都无法回避分析各种学说之间实质上同与异的任务。违法性认识概念的争论亦莫能外。

---

① 虽然李斯特已经开始采用规范的罪责理论，但是，其对行为反社会意义的认识属于故意范畴的论断，却在一定程度上屈从于立法的规定（德国旧刑法第 59 条并没有规定禁止的错误，仅规定行为构成错误排除故意）。也正是由于立法与理论（规范责任论）间巨大的鸿沟，导致很多学者坚持以违法性认识或者违背义务的认识（可能性）作为故意要素。参见［德］李斯特：《德国刑法教科书》，徐久生译，法律出版社 2006 年版，第 288—289 页。［德］克劳斯·罗克辛：《德国刑法学总论（第 1 卷）》，王世洲译，法律出版社 2005 年版，第 610 页。

② ［德］汉斯·海因里希·耶赛克、托马斯·魏根特：《德国刑法教科书》，许久生译，中国法制出版社 2001 年版，第 505 页。

③ 黎宏：《日本刑法精义》，法律出版社 2008 年版，第 190 页。当然，也有学者将德、日的观点概括为三观点说与五观点说。参见马克昌：《比较刑法原理》，武汉大学出版社 2002 年版，第 486—487 页。田宏杰：《违法性认识研究》，中国政法大学出版社 1998 年版，第 16—21 页。

## 一、多重视角下违法性认识理论的趋同性

综合考量违法性认识概念的学说，可以发现，学说之间的形式性差别表现为：不同层次规范外延的差异导致反对动机形成依据的差异。在这种形式差异外表之下，掩藏着各种学说间实质结论的相似性。造成这种相似性的原因包括责任说的盛行、证明方式的推动、违法性认识概念与违法性认识理论学说的结合以及构成要件的限制。

### （一）责任说的盛行

虽然责任说与目的行为论之间并不存在必然的因果关联，但却不能否认目的行为论的提出对违法性认识理论的推动作用。责任说使得违法性认识理论得以从犯罪论体系的逻辑中寻求存在的依据。虽然规范责任论的提出导出了违法性认识作为犯罪要素的结论，但是，在初始的故意理论中，违法性认识尚不能以独立的责任要素的面目示人。无论是倡导违法性认识的严格故意说，还是为追求刑事政策上的目标而提倡违法性认识可能性为故意要素的限制故意说，都将违法性认识（可能性）作为故意要素。之后，Merkel 和 Dohna 都曾经以故意与违法性认识之不同性质为依据，提出将违法性认识（可能性）作为独立的责任要素的观点。① 及至目的行为论的提出，由于事实的故意被作为行为的核心要素对待，因此，故意顺理成章地被抽离出责任阶层而成为主观的构成要件要素。结合新古典犯罪论体系所确立的构成要件是违法行为类型的观点，故意也就成为了违法要素。残留在责任阶层中的违法性认识可能性，作为目的论体系对“评价的对象”与“对象的评价”二分的逻辑延伸，就成为责任评价中非难可能性的判断要素。与限制故意说因将违法性可能性作为故意要素所招致的批评相比，责任说将违法性认识可能性以独特的地位示人的方式给人以名正言顺的感觉。在现代法制社会，违法性认识可能性概念事实上缩小了违法性认识概念学说的差异。以最广义的违法前法律的规范认识为违法性认识的内容为例，② 一旦行为人认识到了行为的“反条理性”“反道义规范性”“反

---

① 洪福增：《刑事责任之理论》，刑事法杂志社 1988 年刊印，第 162 页。

② 到目前为止，尚未见到将违法性认识解读为前法律的规范违反的认识的学者采责任说的情形，故在此不探讨违法性认识可能性在前法律的规范违反意义上的情形。

文化规范性”等，将行为人的这种认识解读为不具有违反法律、刑法、可罚的刑法违反的可能性是很困难的。普通公民对制定法的认识来源于教育、宣传等多种方式。通过这些方式，公民内心形成了“法”这种观念，然而，具体的指导行为人行为的规则则来自于日常生活的观察与实践，即实践中的规则被大众归类于“法”的形象。一旦行为人事实上认识到自己的行为是日常生活的条理不容许的，很难将这种情形排除出具有违法性认识可能性的范围。

（二）证明方式的推动

如果说违法性认识可能性借由责任说的统治地位实现了违法性认识概念学说间差别的细微化，那么，违法性认识（可能性）的认定方式则在实质上使得学说的争论进一步去魅化。一般认为，在行为的违法性明确，行为人是成年人而且具有完全的责任能力的所有案件里，存在不法意识，不需要另外予以证明。① 这被称为认定存在的违法性认识。此外，还存在推定的违法性认识。推定的违法性认识需要以行为人具有责任能力、对行为事实有认识以及被告人没有提出违法性错误为理由的抗辩为条件。② 由于违法性认识是以推定方式认定的，那么，基于事实的认识就可以推定不同程度的违法性认识。于是，各种违法性认识学说的差异在推定的证明方式之下进一步被细微化。至于违法性错误的抗辩，其实质意义有限，这是因为，如果提出该项抗辩，就是提出对违法性认识错误不可避免性的抗辩，这种证明必须依靠某种规范来实现，即行为人必须举证其是根据某一有效规范而行为。这对于不掌握司法资源的行为人来说难度相当大。

正是由于责任说的盛行以及违法性认识（可能性）证明方式的助力，使得各种学说之间的实质差异并没有看起来那么巨大，才最终导致了各种学说仍然可以在外表巨大的差异之下共存。然而，违法性认识（可能性）的推定毕竟是以单纯事实的认识为基础，这一事实对违法性认识的推定力

① ［德］汉斯·海因里希·耶赛克、托马斯·魏根特：《德国刑法教科书》，许久生译，中国法制出版社 2001 年版，第 543 页。

② 于洪伟：《违法性认识理论研究》，中国人民公安大学出版社 2007 年版，第 80—83 页。

是随着规范层级的提升而不断下降的，影响这一事实推定力的关键在于行为人生活对规范认识能力的构建，因此，单纯考虑事实认识推定力的方式遭受了一定质疑。

（三）构成要件的限制

构成要件至少是违法行为的类型。任何涉及违法性问题的案件，总是以行为的构成要件符合性为前提和基础的。这种前提对于违法性认识概念争论细微化的意义在于：将民事不法、行政不法行为从判断基础中排除出去。违法性认识概念的实质争论只能发生在行为构成要件符合性的前提下。不符合构成要件的行为，就被过滤到而不能进入到违法性认识的判断领域。各种违法性认识概念的差异也就不像其显示的那样泾渭分明。

（四）违法性认识理论学说与违法性认识概念的结合

在阶层体系的语境中，对违法性认识中“法”的理解，同故意说与责任说有着某些关联，这些关联的存在可能使得故意说与责任说的差别并没有看起来那么大。一方面，严格故意说的论者大多都是道义责任论的支持者，该说以违法性认识为故意的要素，并且基本上将违法性认识中的“法”理解为前法律的规范。例如，小野清一郎认为，所谓违法之意识，并非认识实定法所规定禁止之行为，而系认识自己行为之违法，即认识自己行为与法秩序相矛盾。换言之，即认识违反国家所承认之伦理的规范或条理也。泷川幸辰也认为违法性认识是认识到行为的反条理性。① 限制故意说在德国和日本有不同的表述，Mayer 采此说并认为，违法性认识是对行为违反义务或者违反文化规范的认识，至于是否认识到该义务是法律上的义务则不重要。② 作为折中说的自然犯与法定犯区别说以社会责任论为基础，将违法性认识解释为“反社会性”。上述三种学说——由于对违法性概念限制较少——就导致故意成立的要求较为宽松，加之，违法性认识方式是以推定方式完成的，故而，存在事实性认识之际，有刑事责任能力的主体的行为很难被排除出故意犯罪的范围。

另一方面，责任说的论者关于违法性认识的“法”并不一致，存在违

① 洪福增：《刑事责任之理论》，刑事法杂志社 1988 年刊印，第 99 页。
② 洪福增：《刑事责任之理论》，刑事法杂志社 1988 年刊印，第 103 页。

反法律的认识（德国的通说）、违反刑法的认识与可罚的刑法违反性的认识差异。日本学者将这里的违反法律的认识解释为对实定法违反的认识。由于将违法性认识可能性作为消极的责任要素，在可以认定事实故意的情况下，结合推定的方式认定违法性认识的可能性现实，很难否定对行为人予以故意责任非难。

可见，将违法性认识中的“法”做较高层级规范的理解并且与责任说相结合，与将违法性认识中的“法”做较低层级规范的理解并且与严格故意说相结合相比，由于二者分别存在“搭档”要求的高低配置，就导致二者的实质差异十分微小。

## 二、违法性认识学说之间的差异

按照责任说与故意说的逻辑，二者对事实的认识作为故意的要素并无异议。区别在于，前者以违法性认识可能性为责任要素，后者以违法性认识或可能性为故意要素。因此，抽象的谈论违法性认识概念间的区别并无意义。只有将违法性认识概念的学说与违法性认识体系性地位的学说结合起来分析才能更好地辨析。

通过整理可以搜集到的德国、日本以及台湾地区的资料，可以发现如下对应关系：严格故意说与前法律的规范违反的认识说相关联；限制故意说与前法律的规范违反的认识或法律违反的认识相关联；责任说与违反法律或刑事违法认识说相关联。目前，对于上述对应关系，笔者发现两处例外，宾丁和费尔巴哈都是严格故意说的支持者，前者坚持违法性认识的法是法律，后者则以违反刑法的认识定义违法性认识的概念。费尔巴哈坚持违反刑法的认识是故意的要素，是来源于其消极的一般预防理论，且不说作为其理论基础的消极的一般预防理论所招致的批评，就是以普通人无法区分法领域为基础也可以将其刑法违反的认识说予以批驳。可见，这种观点在刑事政策上本身就是不合适的，故本书不予关注。至于宾丁基于规范论而提出的上述观点，本书会在表 3 中表现出来。① 为论述方便，本书试着以上述对应关系为基础，制作了下面各表。需要说明的是，适用责任说

---

①（1）大塚仁、小野清一郎以及泷川幸辰等学者主张严格故意说，同时，对违法性认识的概念主张前法律的规范违反的认识说。这种一致性也得到了西田典之教授的确认。参见［日］西田典之：《日本刑法总论》，刘明祥、王昭武译，中国人民大学出版社 2009 年版，第 191 页。［日］大塚仁：《刑法概说（第三版）》，冯军译，中国人民大学出版社 2003 年版，第 450 页。［日］大谷实：《刑法总论讲义》，黎宏译，中国人民大学出版社 2008 年版，第 308 页。洪福增：《刑事责任之理论》，刑事法杂志社 1988 年刊印，第 100 页。（2）在德国，Mayer、Mezger、Hipple 采限制故意说。关于违法性认识的概念，Mayer、Hipple 采违反义务的认识说、Mezger 的立场尚未见到具体的论证，但是，从李斯特的教科书中可以窥见一丝端倪。李斯特的教科书以危害性认识为故意的要素，并且认为 Mezger 的观点与其观点实质上相同，可见，违法性认识在 Mezger 那里也不能超越前法律的规范违反的认识。参见洪福增：《刑事责任之理论》，刑事法杂志社 1988 年印行，第 103—104 页。［德］李斯特：《德国刑法教科书》，徐久生译，法律出版社 2006 年版，第 288—289 页。在日本，限制故意说的代表人物是团藤重光、齐藤金作。在判例的影响下，团藤教授以人格责任论为基础展开了限制故意说。此外，从野村稔教科书中关于团藤重光违法性认识概念的归类来看，团藤教授是一般法律规范违反认识意义上的支持者。齐藤教授采限制故意说并且将违法性认识解释为：“违反一般规范或条理。”参见洪福增：《刑事责任之理论》，刑事法杂志社 1988 年刊印，第 100 页。由于限制故意说在德国已经基本被抛弃，本节在此是在日本刑法理论的意义上使用限制故意说。参见［日］大塚仁：《刑法概说（第三版）》，冯军译，中国人民大学出版社 2003 年版，第 451 页。［日］野村稔：《刑法总论》，全理其、何力译，法律出版社 2001 年版，第 305 页。（3）采责任说的论者将违法性认识视为对刑法或法律违反的认识。在日本有平野龙一、山口厚、福田平、大谷实、野村稔、川端博等学者，在德国得到耶赛克、魏根特、罗克辛、韦塞尔斯、斯特拉腾韦特、库伦等学者的支持，在台湾地区有黄荣坚、林珏雄等多数学者支持。事实上，责任说不采前法律的规范违反的认识是以其理论逻辑为基础的。该说坚持违法性认识的可能性为责任要素，如果在违法性认识概念上同时采违反前法律的认识说，则会导致除基于政策目的而设置的单纯行为犯意义上的行政犯之外，无违法性认识理论适用的空间。参见［日］大谷实：《刑法讲义总论》，黎宏译，中国人民大学出版社 2008 年版，第 308 页。［德］约翰内斯·韦塞尔斯：《德国刑法总论》，李昌珂译，法律出版社 2008 年版，第 231 页。［德］克劳斯·罗克辛：《德国刑法学总论（第 1 卷）》，王世洲译，法律出版社 2005 年版，第 613 页。［德］汉斯·海因里希·耶赛克、托马斯·魏根特：《德国刑法教科书》，许久生译，中国法制出版社 2001 年版，第 540 页。（4）建立了上述对应关系，排除了不合理的对应关系，剩下唯一的、作为上述对应关系的例外，只是违反刑法的认识与限制故意说的结合，尚未发现持这种立场的学者，但这并不妨碍以下述理由将其排除出作为下文表格基础的对应关系：这种理解下的限制故意说就相当于责任说中将违法性认识理解为对刑法违反的认识，就当然地包含在了表格中。（5）下表中的学说差异表现为故意犯罪、过失犯罪以及无罪的差异。至于虽无违法性认识但有违法性认识可能性的情形，在责任说以及德、日立法的规定下，都是任意减轻处罚，换言之，对故意责任的有无并无影响，并不被本书视为区别。此外，责任说内部的限制责任说与严格责任说实际上涉及违法阻却事由事实前提的错误，这一问题与严格故意说、限制故意说都有关系，故笔者在第四章中作为一节单独讨论。（6）在违法性认识学说中，除去本书的故意说与责任说之外，还有一种自然法、法定犯区别说。本节之所以对该说予以省略，是因为该说是立足于社会责任论的思考，其理论基础已然被证明是不可取的。

时，得出无罪结论是以不具有违法性认识可能性为标准的。作为例外，将法律违反意义上的严格故意说单独做表。

表 1

<table>
<tr><th>严格故意说</th><th>限制故意说</th><th colspan="2">责任说</th><th>是否可能存在</th><th>结论</th></tr>
<tr><td>前法律的规范违反的认识</td><td>前法律的规范违反的认识（可能性）</td><td>法律规范违反的认识（可能性）</td><td>刑法规范违反的认识（可能性）</td><td>可能与否</td><td></td></tr>
<tr><td rowspan="3">有（故意犯罪）</td><td rowspan="3">有（故意犯罪）</td><td rowspan="3">有（故意犯罪）</td><td>无（无罪）</td><td>可能</td><td>1</td></tr>
<tr><td>有（故意犯罪）</td><td>可能</td><td>不重要（所谓不重要，是指对故意犯罪的认定无影响，下同）</td></tr>
<tr><td>存在认识可能性（故意犯罪）</td><td>可能</td><td>不重要</td></tr>
<tr><td rowspan="3">有（故意犯罪）</td><td rowspan="3">有（故意犯罪）</td><td rowspan="3">无但存在认识可能性（故意犯罪）</td><td>无（无罪）</td><td>可能</td><td>2+4b</td></tr>
<tr><td>有（故意犯罪）</td><td>不可能</td><td></td></tr>
<tr><td>存在认识可能性（故意犯罪）</td><td>可能</td><td>不重要</td></tr>
<tr><td rowspan="3">有（故意犯罪）</td><td rowspan="3">有（故意犯罪）</td><td rowspan="3">无（无罪）</td><td>有（故意犯罪）</td><td>不可能</td><td></td></tr>
<tr><td>存在认识可能性（故意犯罪）</td><td>不可能</td><td></td></tr>
<tr><td>无（无罪）</td><td>可能</td><td>3</td></tr>
</table>

续表

| 严格故意说 | 限制故意说 | 责任说 | | 是否可能存在 | 结论 |
|---|---|---|---|---|---|
| 无<br>但存在<br>认识可能性<br>（非故意犯罪） | 无<br>但存在<br>认识可能性<br>（故意犯罪） | 有<br>（故意犯罪） | 有<br>（故意犯罪） | 不可能 | |
| | | | 存在认识可能性<br>（故意犯罪） | 不可能 | |
| | | | 无（无罪） | 不可能 | |
| 无<br>但存在<br>认识可能性<br>（非故意犯罪） | 无<br>但存在<br>认识可能性<br>（故意犯罪） | 无<br>但存在<br>认识可能性<br>（故意犯罪） | 无（无罪） | 可能 | 2+4（a/b） |
| | | | 无<br>但存在<br>认识可能性<br>（故意犯罪） | 可能 | 4（a/b/c） |
| | | | 有<br>（故意犯罪） | 不可能 | |
| 无<br>但存在<br>认识可能性<br>（非故意犯罪） | 无<br>但存在<br>认识可能性<br>（故意犯罪） | 无（无罪） | 无（无罪） | 可能 | 3+4a |
| | | | 有<br>（故意犯罪） | 不可能 | |
| | | | 无<br>但存在认识可能性 | 不可能 | |
| 无（无罪） | 无（无罪） | 有<br>（故意犯罪） | 无（无罪） | 可能 | 1+5 |
| | | | 无<br>但存在<br>认识可能性<br>（故意犯罪） | 可能 | 4c+5 |
| | | | 有<br>（故意犯罪） | 可能 | 5 |

续表

<table>
<tr><th>严格故意说</th><th>限制故意说</th><th colspan="2">责任说</th><th>是否可能存在</th><th>结论</th></tr>
<tr><td rowspan="3">无（无罪）</td><td rowspan="3">无（无罪）</td><td rowspan="3">无<br>但存在<br>认识可能性<br>（故意犯罪）</td><td>有<br>（故意犯罪）</td><td>不可能</td><td></td></tr>
<tr><td>无<br>但存在<br>认识可能性<br>（故意犯罪）</td><td>可能</td><td>5+4（b/c）</td></tr>
<tr><td>无（无罪）</td><td>可能</td><td>5+2+4b</td></tr>
<tr><td rowspan="3">无（无罪）</td><td rowspan="3">无（无罪）</td><td rowspan="3">无（无罪）</td><td>有<br>（故意犯罪）</td><td>不可能</td><td></td></tr>
<tr><td>无<br>但存在<br>认识可能性<br>（故意犯罪）</td><td>不可能</td><td></td></tr>
<tr><td>无（无罪）</td><td>不重要</td><td></td></tr>
</table>

**表 2**

<table>
<tr><th>严格故意说</th><th>限制故意说</th><th colspan="2">责任说</th><th>是否可能存在</th><th>结论</th></tr>
<tr><td>前法律的<br>规范违反的<br>认识</td><td>法律违反<br>认识<br>（可能性）</td><td>法律违反<br>认识<br>（可能性）</td><td>刑法违反<br>认识<br>（可能性）</td><td>可能与否</td><td></td></tr>
<tr><td rowspan="3">有<br>（故意犯罪）</td><td rowspan="3">有<br>（故意犯罪）</td><td rowspan="3">有<br>（故意犯罪）</td><td>无（无罪）</td><td>可能</td><td>1</td></tr>
<tr><td>无<br>但存在<br>认识可能性<br>（故意犯罪）</td><td>可能</td><td>不重要</td></tr>
<tr><td>有<br>（故意犯罪）</td><td>可能</td><td>不重要</td></tr>
</table>

续表

<table>
<tr><th>严格故意说</th><th>限制故意说</th><th colspan="2">责任说</th><th>是否可能存在</th><th>结论</th></tr>
<tr><td rowspan="3">有<br>（故意犯罪）</td><td rowspan="3">无<br>但存在<br>认识可能性<br>（故意犯罪）</td><td rowspan="3">无<br>但存在<br>认识可能性<br>（故意犯罪）</td><td>无（无罪）</td><td>可能</td><td>2+4b</td></tr>
<tr><td>有<br>（故意犯罪）</td><td>不可能</td><td></td></tr>
<tr><td>无<br>但存在<br>认识可能性<br>（故意犯罪）</td><td>可能</td><td>不重要</td></tr>
<tr><td rowspan="3">有<br>（故意犯罪）</td><td rowspan="3">无（无罪）</td><td rowspan="3">无（无罪）</td><td>无（无罪）</td><td>可能</td><td>3</td></tr>
<tr><td>有<br>（故意犯罪）</td><td>不可能</td><td></td></tr>
<tr><td>无<br>但存在<br>认识可能性</td><td>不可能</td><td></td></tr>
<tr><td rowspan="3">无<br>但存在<br>认识可能性<br>（非故意<br>犯罪）</td><td rowspan="3">有<br>（故意犯罪）</td><td rowspan="3">有<br>（故意犯罪）</td><td>有<br>（故意犯罪）</td><td>不可能</td><td></td></tr>
<tr><td>无（无罪）</td><td>不可能</td><td></td></tr>
<tr><td>无<br>但存在<br>认识可能性<br>（故意犯罪）</td><td>不可能</td><td></td></tr>
<tr><td rowspan="3">无<br>但存在<br>认识可能性<br>（非故意<br>犯罪）</td><td rowspan="3">无<br>但存在<br>认识可能性<br>（故意犯罪）</td><td rowspan="3">无<br>但存在<br>认识可能性<br>（故意犯罪）</td><td>无（无罪）</td><td>可能</td><td>2+4（a/b）</td></tr>
<tr><td>有<br>（故意犯罪）</td><td>不可能</td><td></td></tr>
<tr><td>无<br>但存在<br>认识可能性</td><td>可能</td><td>4（a/b/c）</td></tr>
</table>

续表

<table>
<tr><th>严格故意说</th><th>限制故意说</th><th colspan="2">责任说</th><th>是否可能存在</th><th>结论</th></tr>
<tr><td rowspan="3">无<br>但存在<br>认识可能性<br>（非故意<br>犯罪）</td><td rowspan="3">无（无罪）</td><td rowspan="3">无（无罪）</td><td>有<br>（故意犯罪）</td><td>不可能</td><td></td></tr>
<tr><td>无（无罪）</td><td>可能</td><td>3+4a</td></tr>
<tr><td>无<br>但有认识<br>可能性<br>（故意犯罪）</td><td>不可能</td><td></td></tr>
<tr><td rowspan="3">无（无罪）</td><td rowspan="3">有<br>（故意犯罪）</td><td rowspan="3">有<br>（故意犯罪）</td><td>有<br>（故意犯罪）</td><td>可能</td><td>5</td></tr>
<tr><td>无（无罪）</td><td>可能</td><td>5+1</td></tr>
<tr><td>无<br>但存在<br>认识可能性</td><td>可能</td><td>5+4c</td></tr>
<tr><td rowspan="3">无（无罪）</td><td rowspan="3">无<br>但存在<br>认识可能性<br>（故意犯罪）</td><td rowspan="3">无<br>但存在<br>认识可能性<br>（故意犯罪）</td><td>有<br>（故意犯罪）</td><td>不可能</td><td></td></tr>
<tr><td>无</td><td>可能</td><td>5+2+4b</td></tr>
<tr><td>无<br>但存在<br>认识可能性</td><td>可能</td><td>5+4（b/c）</td></tr>
<tr><td rowspan="3">无（无罪）</td><td rowspan="3">无（无罪）</td><td rowspan="3">无（无罪）</td><td>有<br>（故意犯罪）</td><td>不可能</td><td></td></tr>
<tr><td>无<br>但存在<br>认识可能性<br>（故意犯罪）</td><td>不可能</td><td></td></tr>
<tr><td>无（无罪）</td><td>可能</td><td>不重要</td></tr>
</table>

表 3①

<table>
<tr><td>限制故意说</td><td>严格故意说</td><td colspan="2">责任说</td><td>是否可能存在</td><td>结论</td></tr>
<tr><td>前法律的规范违反的认识（可能性）</td><td>法律违反认识</td><td>法律违反认识（可能性）</td><td>刑法违反认识（可能性）</td><td>可能与否</td><td></td></tr>
<tr><td rowspan="3">有（故意犯罪）</td><td rowspan="3">有（故意犯罪）</td><td rowspan="3">有（故意犯罪）</td><td>无（无罪）</td><td>可能</td><td>1</td></tr>
<tr><td>无但存在认识可能性（故意犯罪）</td><td>可能</td><td>不重要</td></tr>
<tr><td>有（故意犯罪）</td><td>可能</td><td>不重要</td></tr>
<tr><td rowspan="3">有（故意犯罪）</td><td rowspan="3">无但存在认识可能性（非故意犯罪）</td><td rowspan="3">无但存在认识可能性（故意犯罪）</td><td>无（无罪）</td><td>可能</td><td>2+4b</td></tr>
<tr><td>有（故意犯罪）</td><td>不可能</td><td></td></tr>
<tr><td>无但存在认识可能性（故意犯罪）</td><td>可能</td><td>不重要</td></tr>
<tr><td rowspan="3">有（故意犯罪）</td><td rowspan="3">无（无罪）</td><td rowspan="3">无（无罪）</td><td>无（无罪）</td><td>可能</td><td>3</td></tr>
<tr><td>有（故意犯罪）</td><td>不可能</td><td></td></tr>
<tr><td>无但存在认识可能性</td><td>不可能</td><td></td></tr>
</table>

① 从表 1 和表 2 的关系可知，即使在法律规范违反的意义上理解严格故意说，在表 3 已经确认了前法律规范违反意义上的限制故意说的地位之后，就不用在用其他表来反映在法律规范违反的意义上存在的限制故意说与上述表 3 的关系，因为，在法律规范违反意义上的限制故意说已经同责任说中法律规范违反意义上的违法性认识的情形完全重合。

续表

<table>
<tr><th>限制故意说</th><th>严格故意说</th><th colspan="2">责任说</th><th>是否可能存在</th><th>结论</th></tr>
<tr><td rowspan="3">无<br>但存在<br>认识可能性<br>（故意犯罪）</td><td rowspan="3">有<br>（故意犯罪）</td><td rowspan="3">有<br>（故意犯罪）</td><td>有<br>（故意犯罪）</td><td>不可能</td><td></td></tr>
<tr><td>无（无罪）</td><td>不可能</td><td></td></tr>
<tr><td>无<br>但存在<br>认识可能性<br>（故意犯罪）</td><td>不可能</td><td></td></tr>
<tr><td rowspan="3">无<br>但存在<br>认识可能性<br>（故意犯罪）</td><td rowspan="3">无<br>但存在<br>认识可能性<br>（非故意<br>犯罪）</td><td rowspan="3">无<br>但存在<br>认识可能性<br>（故意犯罪）</td><td>无（无罪）</td><td>可能</td><td>2+4（a/b）</td></tr>
<tr><td>有<br>（故意犯罪）</td><td>不可能</td><td></td></tr>
<tr><td>无<br>但存在<br>认识可能性<br>（故意犯罪）</td><td>可能</td><td>4（a/b/c）</td></tr>
<tr><td rowspan="3">无<br>但存在<br>认识可能性<br>（故意犯罪）</td><td rowspan="3">无（无罪）</td><td rowspan="3">无（无罪）</td><td>有<br>（故意犯罪）</td><td>不可能</td><td></td></tr>
<tr><td>无（无罪）</td><td>可能</td><td>3+4a</td></tr>
<tr><td>无<br>但存在<br>认识可能性<br>（故意犯罪）</td><td>不可能</td><td></td></tr>
<tr><td rowspan="3">无（无罪）</td><td rowspan="3">有<br>（故意犯罪）</td><td rowspan="3">有<br>（故意犯罪）</td><td>有<br>（故意犯罪）</td><td>可能</td><td>5</td></tr>
<tr><td>无（无罪）</td><td>可能</td><td>5+1</td></tr>
<tr><td>无<br>但存在<br>认识可能性</td><td>可能</td><td>5+4c</td></tr>
</table>

续表

<table>
<tr><th>限制故意说</th><th>严格故意说</th><th colspan="2">责任说</th><th>是否可能<br>存在</th><th>结论</th></tr>
<tr><td rowspan="3">无（无罪）</td><td rowspan="3">无<br>但存在<br>认识可能性<br>（非故意<br>犯罪）</td><td rowspan="3">无<br>但存在<br>认识可能性<br>（故意犯罪）</td><td>有<br>（故意犯罪）</td><td>不可能</td><td></td></tr>
<tr><td>无</td><td>可能</td><td>5+2+4b</td></tr>
<tr><td>无<br>但存在<br>认识可能性</td><td>可能</td><td>5+4（b/c）</td></tr>
<tr><td rowspan="3">无（无罪）</td><td rowspan="3">无（无罪）</td><td rowspan="3">无（无罪）</td><td>有<br>（故意犯罪）</td><td>不可能</td><td></td></tr>
<tr><td>无<br>但存在<br>认识可能性<br>（故意犯罪）</td><td>不可能</td><td></td></tr>
<tr><td>无（无罪）</td><td>可能</td><td>不重要</td></tr>
</table>

通过各表中数字的含义可以发现违法性认识理论间的具体差异：1——有违反法律规范的认识却无违反刑法的认识，这就是信赖正式、有效的错误解释或判决，认为行为仅违法而不涉及刑法的违反；2——认为行为不违法（法律、刑法），但存在法律认识过失，这就是信赖正式、有效的错误解释或判决，认为行为根本不违反刑法，但却没关注到判决或解释对于行为违法的评价；3——有违反前法律的规范的认识却无违法的认识，就是信赖正式、有效的错误判决或解释并且认为行为不违法；4——行为人没有认识到行为的违反规范（前法律的规范即4a、法规范即4b、刑法规范即4c）性，但具有认识可能性。5——刑法对部分行政犯的规定，这种行政犯不涉及对前法律的规范的违反。在行为犯的意义上只是将行政违法行为犯罪化，故没有实质意义上的法益侵害，行政违法行为的犯罪化多是出于政策考量。如规定单纯纳税申报义务的违反会导致刑罚处罚。必须说明的是，上述几种结论是以一种比较具体的方式存在着，按照本来的逻辑，其本身应当是表格内容的文字化，支持本书将如此抽象的标准细化为上述结论的理由如下：刑法理论一般以不知法与适用上的错误区

分违法性认识错误的形态。如果以不可避免性为阻却责任的标准，前者只可能存在于行为人的生活经验与法律脱离之处，这就是部分行政犯；后者则是行为人以某个标准认定行为的正当性，而这种标准必须足够权威才可以排除错误的不可避免性，这就是信赖原则的存在。此外，还存在反对动机的形成义务与认识程度的关联问题，就法律过失是否成立故意责任的问题。上述3个表中所呈现出的结论差异就是上述几项内容单独或结合的结果。

以上各表清晰地展示了违法性认识学说之间的实质差异，本书将其大体分割为如下的三种类型：类型一，信赖原则的适用，这里的信赖，包括错误的有效判决、解释。具体又包括两种情形。一是因信赖而无法律违反的认识；二是因信赖而无刑法规范违反的认识。还有一种情形与之相关，因信赖而无刑法认识但有法律违反认识的可能性，这种情形事实上是第二种情形与法律过失的结合。类型二，超越前法律的规范涵摄范围的行政犯的处罚。类型三，反对动机形成义务与认识程度的对应关系。当然，从上表可以看出，上述三种情形并非排斥关系，可以在一定程度上相结合。

## 三、违法性认识的应然含义

学说的差异关联着刑罚的适用，看似微小的差异实则隐含着公民基本权利的予夺。既然所有的争论都是因违法性认识概念而起，那么，找到违法性认识的真意并且通过上述争议问题对其妥当性进行具体检验，应当是因既照顾到了理论的一致性，又考虑到具体问题解决的实用性而较为可取的方案。

### （一）阶层体系语境中违法性认识中“法”的含义

从上述德日刑法理论中违法性认识的学术史演进可以发现，违法性认识（可能性）源自规范责任论的逻辑展开。由于将责任视为单纯心理事实的心理责任论存在诸多缺陷，将责任视为由规范命令支配的对心理事实的价值判断的观点被普遍承认。从规范立场上的非难可能性成为责任非难的根据，加之规范评价上的义务违反性以知晓规范的要求并能够遵守该要求为前提，于是，违法性认识（可能性）顺理成章地成为故意或责任要素。①上文对违法性认识理论发展脉络的粗略梳理，目的在于从根源上探究违法性认识的概念。如果从能够遵守规范的要求，进而实施适法行为的可能性来观察责任，那么，从评价者的角度考察行为人的认识，违法性认识（可能性）就是能够根据刑法规范（甚至最精确的表述应当是刑事可罚性）的要求为适法行为的行为动机。如此限缩性地理解违法性认识是因为，从正当法律程序立场观察，从义务、责任以及法律效果的相互关系观察，知晓特定层级的法律义务是论以相应层级法律责任并进而赋予其法律效果的前提之一。在经典的三阶层体系语境中，一旦确认行为人虽然能够为适法行为却实施了不法行为，就完成了犯罪成立判断流程并进而可以追究其刑事责任。这其中，赋予行为人责任的前提就是义务的知晓，这符合正义的法律理念。从行为主体方面考察，理性的行为主体在衡量自身行为与法律效果之时，总是按照功利原则，从本人能够接受的情形中做出最优选择。刑罚作为行为选择中消极的功利要素，是规范期待的、促使行为人产生反对动机的因素。如果刑事法律后果的知晓还不能够阻止行为人不法动机的现实化，那就必须认为行为人在规范上是不可交谈的，赋予刑罚的法律效果就是正当的。

既然从规范责任论的立场观察，刑事法律义务应当成为行为人责任非难的前提，为何德日刑法理论中对违法性认识中的“法”还会存在如此巨大的争论呢？换言之，将违法性认识的内容理解为“前法律规范的违反”“违反法律”“违反刑法”与“可罚的违反刑法”这几种代表性观点中，哪种理解才是合理的呢？此外，为何出现众多观点并立的局面呢？本书认为，对于前一问题，应当从词源、体系解释等方面寻找答案。对于后一问题，下文将会详述。

应当考察违法性认识中的“法”在德语原文中的词义。德国刑法第17

① 违法性认识（可能性）理论的提出与道义责任论并无必然联系。无论是旧派的道义责任论，还是新派的社会责任论，都不排斥规范责任论。换言之，作为违法性认识（可能性）根基的规范责任论与学派之争并无必然关系，违法性认识（可能性）也就与学派之争中的立场无必然关联。参见张明楷：《刑法的基本立场》，中国法制出版社2002年版，第44页。相同见解参见陈兴良：《违法性认识研究》，载《中国法学》2005年第4期，第135—136页。

条关于禁止错误的规定中的用词是“Unrecht”。[①] 我国学者一般将该词译为“不法”。[②] 那么，这里作为词根的“recht”到底是什么意思呢？毕竟无论在逻辑上如何论述违法性认识中的“法”，都不能忽略“recht”这个词的原意。在德语中，与汉语中的“法”相似的单词有两种不同的表述：“recht”与“gesetz”。[③] 在与刑法相关联的意义上，这两个词是存在明显区别的，以李昌珂先生翻译的德国学者韦塞尔斯的教科书的用词为例：德国的《基本法》规定的“无刑法（Strafgesetz）规定的无处罚”，所用词是Strafgesetz,《德国刑法典》对“法定性原则”（Gesetzlichkeitsprinzip）的规定用词是“Gesetzlich”。然而，要评判一个发生事件是否为“不法”（Unrecht），不仅必须以法定构成要件（gesetzlichen Tatbestandes）做出构成要件符合性的审查或者说是实现了不法构成要件（Unrechtstatbestand），而且要确认无正当化事由（Nichteingreifen von Rechtfertigungsgrunden）的介入。之后，在违法（rechtswidrig）性一章中，又说，正当化事由的产生，可能是出自法律（Gesetzsrecht），也可能出自习惯法（Gewohnheitsrecht）。[④]

由此可见，“gesetz”一词是在制定法的意义上承载规范功能的；“recht”一词则不仅限于制定法的内容（由 Gewohnheitsrecht 可知）而混入了“公平”“正当”（由 Rechtfertigungsgrunden 可知）等基本的法观念，并进而具有抽象的法、观念的法、整体的法这种内涵。从阶层体系本身的逻辑以及语词含义上分析，既然“recht”一词并非罪刑法定原则意义上的“gesetz”，就不可能是具体意义上的条文；既然正当化事由的类型包括但

---

① 德国刑法典第十七条规定：“…Verbotsirrtum. Fehlt dem Tter Begehung der Tat die Einsicht，Unrecht zu tun，so handelt er ohne Schuld，wenn er diesen Irrtum nicht vermeiden konnte. Konnte der T ter den Irrtum vermeiden，so kann die Strafe nach §49 Abs. 1 gemildert werden.”（禁止的错误。如果行为人在实施行为人时缺乏实行不法的认识，那么，他就是无责任地行动的，如果他不能避免这种错误。如果行为人能够避免该错误，那么，可以根据第 49 条第 1 项轻处刑罚。）参见冯军译：《德国刑法典》，中国政法大学出版社 2000 年版，第 11、253 页。

② ［德］约翰内斯·韦塞尔斯：《德国刑法总论》，李昌珂译，法律出版社 2008 年版，第 68 页。

③ 陈忠林：《违法性认识》，北京大学出版社 2006 年版，第 6 页。

④ ［德］约翰内斯·韦塞尔斯：《德国刑法总论》，李昌珂译，法律出版社 2008 年版，第 19、67—71 页。

并不限于法定的违法阻却事由，构成法秩序基础的法观念就成为解释论上正当化超法规的违法阻却事由的基础，这时的“recht”就是观念意义上的法；既然违法性阶层是从整体法秩序的立场出发完成对行为的评价，这里的“recht”就不可能不是整体意义上的法。对“recht”做出上述解释可以寻求到下述支持。

第一，可以从考夫曼所著《法律哲学》一书中寻求佐证。在该书第九章（法律概念：法律与制定法）中，考夫曼以德国宪法第20条第3项的规定为基础，① 明确的区分了制定法（gesetz）与法律（recht），并且认为，与传统上将二者分别认为是存在论与唯名论的法律概念不同。德国宪法的上述规定指示出，法律本身——而非仅有制定法——不仅具有现实性，而且也发展其有效性。② 既然不单纯将法律（recht）理解为集合意义上的制定法的整体，这种意义上的法律就不仅仅是一个名词，而是具有实质内容的规范体系。正如考夫曼所言，这种意义上的法律才是推动实质的法治国以及实质民主实现的动力所在。③ 既然关注法律的有效性，这种意义上的法律是来源于生活并且服务于正义的实现。考虑到正义要求公共福祉实现的诉求，这时的法律——就正如拉德布鲁赫所说——是“社会生活普遍实证的规范的整体”。④ 既然是以实质性的合目的性为归依，这样的法律就不能不是观念形象、就不能不是价值意义上抽象的存在、就不能不关涉到整体的社会生活的目的。质言之，违法性认识中的“法”是观念意义上、抽象的、作为价值存在的、整体性意义的法。

第二，德国联邦最高法院在首次承认责任说的判例中认为：“违法性认识，既非可罚性之认识，亦非包含禁止的法律规定之认识。然另一方面，违法性之认识，不仅以行为者知悉其行为在伦理上应加以非难一点为

---

① 该项规定：“立法权是受依据宪法之制度所拘束，而行政权与司法权，则是受制定法与法律所拘束。”转引自［德］阿图尔·考夫曼著：《法律哲学》，刘幸义等译，法律出版社2011年版，第156页。

② ［德］阿图尔·考夫曼著：《法律哲学》，刘幸义等译，法律出版社2011年版，第156—157页。

③ ［德］阿图尔·考夫曼著：《法律哲学》，刘幸义等译，法律出版社2011年版，第157页。

④ ［德］阿图尔·考夫曼著：《法律哲学》，刘幸义等译，法律出版社2011年版，第170页。

已足，尚须更进一步，以行为者在与自己的思维相应之一般的评价上，认识其行为之不法性，或如使良心相当的紧张，则可能认识其行为之不法性为必要。”① 可见，该判例否定了刑事可罚性的认识（“非可罚性之认识”）、违法具体法律规定的认识（“非包含禁止的法律规定之认识”）作为违法性认识的含义，这样就推导出违法性认识中的“法”是一种抽象意义上的“法”。与此同时，“违法性之认识，不仅以行为者知悉其行为在伦理上应加以非难一点为已足”，美国《韦氏大辞典》对于伦理的定义是：一门探讨什么是好什么是坏，以及讨论道德责任义务的学科，即行为人知道行为好坏还不是一种违法性认识。这样说来，该判例确立了违法性认识是对行为与抽象意义上的“法”对立的认识，这种认识又高于单纯好坏的认识。

第三，作为推定基础的行为“不对”的认识，是依据某种标准，这种标准即观念意义上的“法”。在实际生活中，这种行为“不对”的理解并不一定来源于对具体法律规定的知晓，而可能来源于生活共识意义上的法。此外，在实际生活中，这种“法”往往是以一种整体的面貌出现的。

### （二）差异时空下多重因素的深度结合导致概念差异

导致阶层体系中违法性认识争论的原因是复杂的，大致可以从语言翻译、评价与认识的混同、反对动机意义的误解等几个方面剖析争论的原因。

首先，语词翻译精准度的欠缺导致概念理解的偏差。

违法性认识（意识）一词是日本学者对德语 Bewuβtsein der Rechtswidrigkeit 的翻译。② 这其中，Rechtswidrigkeit 是核心，通常被译为违法性。“所谓违法性，系指行为对于法律规范具有对立否定的本质。申言之，即就整体法规范的价值观来评价构成要件该当行为，经过这个价值判断，而可认定该行为在本质上显与法律规范对立冲突者，则该行为即具违法

① 洪福增：《刑事责任之理论》，刑事法杂志社 1988 年刊印，第 206 页。

② ［日］大塚仁：《刑法概说（第三版）》，冯军译，中国人民大学出版社 2003 年版，第 450 页。

性。"① 从违法性阶层的判断过程观察，该阶段事实上只关注违法阻却事由的存在与否，即容许规范的存在可以成为消解禁止规范的效力。这里的容许规范是从整体法秩序的视角下产生而非仅限于刑事法的规定。换言之，违法性是从整体法秩序的立场出发对行为做出的评价，即"与法律的矛盾"②"对于法规范所宣示之禁止及诫命之敌对状态"。③

汉语中的违法一般系指违反具体法律规定，法律规定的违反又存在一般法律规定以及刑法规定等差异情状。将"违法性认识"理解为"刑法规范违反的认识""可罚的刑法违反的认识"的观点，就是受到了这种翻译因素的影响。例如，一旦涉及可罚性，必然关系到对刑罚幅度及刑罚种类的理解，无论是刑罚幅度还是刑罚种类，都离不开对具体法律规定的理解，即"可罚的刑法违法的认识"与具体的法律规定具有天然的亲和性。台湾地区学者将对行为为法律所不容许的认识译为"不法意识"。"不法"指"经由行为而显现于客观可见，而为法律规范所否定的非价本身而言，……指具有违法性的行为本身"。④ 进而，"不法意识"就是对"行为不法的意识""对行为在法上被负面评价的意识"。"刑法上的不法是以一种刑事行为构成为条件的，因此，它总是一种特定的刑法上的物资；除此之外，还存在着民法上的不法、行政法上的不法，等等。"⑤

其次，事后评价与评价性认识的混同。

所谓事后评价，是司法者在事后的时点，以所有的行为事实为基础，以法定标准对行为主观面或客观面的价值归类。刑法规范所具有裁判规范的性质，导致上述判断——在同刑法相关联的意义上——注重规范标准及判断过程的精确性、严谨性，这是罪刑法定原则限制司法权的题中之义。与之相对，所谓评价性认识，是行为人站在行为的时点，以认识到的事实

---

① 林山田：《刑法通论（上册）》，元照出版有限公司2008年版，第302页。

② 纳格勒：《弗兰克纪念文集（第1集）》，第343页。转引自［德］汉斯·海因里希·耶赛克、托马斯·魏根特：《德国刑法教科书》，许久生译，中国法制出版社2001年版，第287页。

③ 余振华：《刑法违法性理论》，元照出版有限公司2001年版，第10页。

④ 林山田：《刑法通论（上册）》，元照出版有限公司2008年版，第303页。

⑤ ［德］克劳斯·罗克辛：《德国刑法学总论（第1卷）》，王世洲译，法律出版社2005年版，第389页。

为基础，以自身生活经验所积累的对“法”的认识为标准，对行为性质的量定。

纵然在大多数情况下，禁止是作为刑法上的禁止来理解的，然而，这并不能否认作为“没有受过法学教育的一般公民，是无法区分各个法律领域”① 的现实。② 当一个普通公民将单纯闯红灯与交通肇事致人重伤并负全部责任的行为都评价为“犯罪”之时，③ 另一个公民则完全可能将上述行为都评价为“违法”行为。于是，一方面，无论如何不能将相同事实和情节之下的两个案件，只以行为人认识的不同赋予不同的法律后果。在行为人的认识中，很难区分违法与犯罪的情形。据此，所有案件均以反对动机的程度不同而赋予不同的法律效果本身就是不现实的。另一方面，在行为人将违法行为与犯罪行为都评价为“犯罪”之时，司法者无论如何不能认为，行为人对行为的刑事违法性具有认识。毕竟行为人无法区分各个法律领域。如果按照违法性认识是刑事违法性认识的观点，将这种“犯罪”性认识认定为刑事违法性的认识，就是混淆了不同标准之下的评价性认识与事后评价。可见，将违法性认识解释为“刑事违法性认识”“可罚的刑法违反的认识”是对评价性认识与事后评价的混同，其形成原因在于脱离生活实际与行为人能力，抽象地设定某一概念。

再次，反对动机的形成与拟制的理性人相结合。

无论是将违法性认识视为刑事违法性认识的学者，还是可罚的刑法违反的拥趸，在论证自身观点合理性之时都会着重关注反对动机的形成。④

① ［德］克劳斯·罗克辛：《德国刑法学总论（第1卷）》，王世洲译，法律出版社2005年版，第614页。

② 即使拥有法科经历甚至成为资深法律人的学者们，对同一案件中的行为性质也会发生争论（例如，许霆案件中行为性质的定位关系到刑罚的量定，并因而引起了罪名的争论），从这个意义上，可罚的刑法违反的认识恐怕也是值得商榷的。

③ 这种事情并非杜撰，笔者的一位从事长途货运的亲戚有一次因故闯过收费站卡口。事后他向笔者咨询自己的行为是否构成犯罪。笔者试图向他解释违法与犯罪的区别。然而，他在未得到答复之前，一口咬定自己是“犯罪了”。

④ ［日］西田典之：《日本刑法总论》，刘明祥、王昭武译，中国人民大学出版社2009年版，第191页。［日］野村稔：《刑法总论》，全理其、何力译，法律出版2001年版，第303—305页。［德］安塞尔姆·里特尔·冯·费尔巴哈：《德国刑法教科书》，徐久生译，中国方正出版社2010年版，第26—29、59页。

规范之于社会成员，或者是一种期待，[①] 或者是一种强制。[②] 无论是强制，还是期待，都离不开反对动机的中介作用。反对动机的形成离不开对规范内容、规范要求的知晓可能性，然而，规范内容随着规范层次的不断专业化、精细化而越发地难于认识。社会生活是变动不居的，虽然基于安全、自由以及可预测性的要求，法规范可能具有守成特质而不可能朝令夕改，但是作为等式一方的社会情势这种变量的更改，则呼唤作为等式另一面的法规范有所回应。“永恒的法律是不存在的，因为适合于一个时期的法律并不适合于另一个时期。法律必须与日益变化的文明状况相适应，而社会的义务就是不断地制定出与新的情势相适应的法律。”[③] 可见，社会的变化引发规范升级，规范的变动对社会成员的行为提出了更高的要求。

对违法性认识范围的限缩或扩张同对主体的认识的要求成反比：如果对违法性认识做狭义的理解，对主体认识的要求程度就高，反之，则低。例如，以可罚的刑法违反的认识解读违法性认识，要追究其刑事责任，主体就应当认识到或可能认识到行为可罚的刑事违法性。违法性认识（可能性）作为一个犯罪要素，是以合理界定刑事可罚性的范围为归依的。在面对日新月异的社会与变动不居的规范时，要求行为人对刑事违法性甚至可罚的刑事违法性有认识更多的是一种基于威权主义的规范推定，其实质是从规范实现及规范效力维护的立场出发，将每个具体的、社会生活参加者拟制为抽象的、以规范效果归依而被赋予个人能力的理性人。这种抽象与推定明显与事实不符。即使不得不承认，部分社会生活的参加者还可能符合这种较高的要求，但基于维护这种理论品格的独特性，而牺牲规范的普遍性及法律效力的做法，却不值得提倡的。一言以蔽之，反对动机的形成既然被认为是违法性认识的实质目的，为实现反对动机及法律效果的协调与和谐，就不能不以具体的普通人的认识能力推导出

① ［德］京特·雅科布斯：《规范·人格体·社会——法哲学前思》，冯军译，法律出版社 2001 年版。

② ［德］安塞尔姆·里特尔·冯·费尔巴哈：《德国刑法教科书》，徐久生译，中国方正出版社 2010 年版，第 26—29 页。

③ ［美］E·博登海默：《法理学：法律哲学与法律方法》，邓正来译，中国政法大学出版社 2004 年版，第 148 页。

抽象的标准，而不是以抽象的拟制标准要求具体的个人，否则，就是本末倒置。

最后，德国、日本刑事立法用语的限制。

与德国刑法“实行不法的认识”这一用语①不同，日本刑法对违法性认识的规定中的用语对违法性认识概念的争论有一定的影响。日本刑法第38条第3款规定：“即使不知法律，也不能据此认为没有犯罪的故意，但可以根据情节减轻处罚。”② 对于该款中的“法律”一词，日本学界存在法规即刑罚法规、违法性、刑罚法规或违法性的争论，而且判例也存在不一致之处。③ 可见，日本刑法的上述规定虽然将违反前法律的规范的认识排除出违法性认识概念范围，④ 但也导致了违法性认识概念在上述观点范围内的争论。

## 第三节 本书的立场

以上文关于违法性认识中“法”的理解为基础，针对上文违法性理论争论中的实质差异，本书提出如下解决方案。

### 一、公民知法与反对动机形成义务

对于公民知法与反对动机形成义务之间的关系，既应当照顾到公民知

① 德国旧联邦法院采故意的成立，不以违法性认识（可能性）为必要的违法性认识不要说，这招致了学界批评。第二次世界大战之后，通过下级法院努力，联邦法院终于承认了违法性认识的地位。这一观点在1975年德国刑法改革中以第17条的形式被承认。参见洪福增：《刑事责任之理论》，刑事法杂志社1988年刊印，第199—228页。一言以蔽之，学说推动了判例立场的改变，并最终体现为立法规定。因此，学界对违法性认识概念的争论也就不令人意外了。

② 张明楷译：《日本刑法典》，法律出版社2006年版，第21页。

③ ［日］大谷实：《刑法讲义总论》，黎宏译，中国人民大学出版社2008年版，第313页。

④ 采严格故意说以及限制故意说的学者虽然在刻意地解释该项规定使之符合自身的理论构造，但终归是比较牵强的。参见洪福增：《刑事责任之理论》，刑事法杂志社1988年刊印，第97—124页。

“法”的方式，又应当顾及规范的实际有效性。因此，本书的基本结论是，行为人信赖错误的判决或有权解释得出的行为符合法律的结论进而行为，不能认为行为人具有违法性认识；行为人信赖错误的判决或有权解释得出的行为不符合法律但也不违反刑法的结论进而行为，不能因此免除行为人的刑事责任。对违反法律的认识与违反刑法的认识做出如此厚此薄彼的解释的理由如下。

第一，认识到行为的规范评价或有认识的可能性就被期待形成反对动机。具备对符合构成要件之事实的认识与意欲以及对行为为法所不容许的认识，就已然能够彰显出行为人对法秩序的背反态度。至于刑法违反的认识（可能性），只不过是与行为人期待的法律效果相关。

第二，行为人期待的法律效果涉及风险的分配问题。如果将具有违反法律认识（可能性）但不具有违反刑法认识的情形予以除罪化处理，就是将行为人行为的不利后果转嫁给被害人一方，而且，如此下去，只会变相地鼓励相同行为的重复发生。每个行为人在如此行为之时承担的后果与自身的行为严重不成比例，法秩序也会被抛弃。如果将这种行为认定为犯罪，就是将藐视法秩序的风险转移给行为人，这并不违反责任原则。从行为人对刑法效果没有期待来看，这种风险分配确实不能尽善尽美，但是，从整体法秩序的立场来看，如果做出相反的处理，就等于是让站在法秩序之后的大众承担了这种不利的风险，然而，大众是无辜的。

第三，从反面分析，如果承认这种行为的非犯罪性，那么，不可避免的刑罚可罚性的错误就当然地具有相似的效力。这种结论一方面违背德日等国的立法规定，另一方面与学界的主流观点背道而驰。

第四，从理论源流考察，二者的差别化处理来源于违法一元论原理的坚持。违法一元论是与违法相对论对应的概念。与后者不同，前者将法秩序视为不可分割的整体。无论是违法一元论还是二元论，都是从规范裁判者的立场展开自身的论理；然而，从行为规范的立场观察，违法性认识是行为人的评价性认识，而非裁判者的事后评价。从评价性认识的角度无法要求所有公民能区分法领域。如果所有可以区分刑法与其他法律领域的人，都可以因错误的解释而主张无罪处理，恐怕这就可能导致懂法的人特权化的问题。

得出上述基本结论正是对本书坚持的违法性认识概念的诠释：普通民

众对“法”的认识不可能完全来源于法律的规定，然而，现代社会又是法治社会，离开法律的规则治理则无秩序可言。于是，从形式合理性的角度，“法”的观念必然以某种形式进入公民的生活并指导公民的行为。这种形式可能是普法教育，也可能是义务教育抑或其他方式。普通公民对“法”的认识主要不是来源与法律规定的事实，同公民知法的要求相结合就产生了一种折中性“法”的存在诉求：无论是“法之理在法外”还是公民法感情对疑难问题解释力的承认，都指向了生活塑造“法”观念的事实。这种被生活塑造的“法”，由于实定法观念的介入，不单单是前法律的规范（但一般是这样的），还包括着以相关判决、解释、规定等方式传递给公民的“法”（这里的“法”，在行为人心中，仍然是以一种抽象的、观念的、价值意义上的“法”的形式存在），因此并不是前法律意义上的规范。这种意义上的“法”，本来与刑法相距很远，但由于构成要件的关联以及具体案件巧合而建构起与法律的关联。可见，违法性认识中的“法”来源于生活，并且在一系列因素的作用下与实定法意义上的“法”相关联。行为人一旦认识到行为与这种观念上的“法”相冲突的事实，就面临着守法与否的问题。至于刑事法违反与否，则涉及刑罚效果，这并不能给行为人以反对动机的充足理由。

## 二、行政犯以及违法性认识可能性与反对动机

根据上文关于违法性认识中“法”的理解，既然是生活塑造规范意识，脱离生活现实的规范当然不能催生反对动机，规范也就不能对行为人提出过于苛刻的要求。将过多的刑罚风险分配给不能有效抵制这种风险的主体无异于是在变相适用刑罚。① 政策性的立法初衷也并非必然因此而无法实现。然而，从事相关业务的主体，即使是初涉该领域，也很难说是不能了解相关规范，毕竟这些规范不仅涉及其义务的赋予，还涉及其利益的获取。认识到行为事实的行为人，一般而言，就具备了对奠定行为违法性

① 在现在的德国，越来越多的学者认为：“关于自然犯（普通刑法所规定的罪）的禁止错误，依照‘刑法’第十六条处理；关于法定犯（附属刑法所规定的罪）的禁止错误，则依照构成要件错误处理，亦即排除故意，成立过失。”参见林东茂：《刑法综览》，中国人民大学出版社2009年版，第192页。这种倾向值得关注。

评价的认识可能性，如果没有这种可能性时，对行为人予以故意非难，意味着没有敌视、蔑视法益人格态度的主体需要承担故意责任，这有违故意的本质。

目的论犯罪论体系借由目的行为论实现事实故意从责任论中的剥离应当是一种结果，其原因在于目的行为论预设了事实与价值二分的概念空间。以对象的评价与评价的对象区隔犯罪要素的做法源于二元论的基本思想，作为其具体展开，事实性认识渐变为构成要件要素，原先存在于故意与过失中的违法性认识及违法性认识的可能性不能形成统一的责任要素。同时，由于违法性认识对证明义务的要求过高，从刑事政策的立场寻求可罚性与上述统一的责任要素的建构相结合，就产生了将违法性认识可能性作为责任要素的主张。行为之所以被纳入不法构成要件规制范围并予以犯罪化处理，根本原因在于对法律所希望保护利益的侵害或威胁。实施侵害或威胁法益行为的主体在对行为事实有认识时，就有对整体、价值、观念意义上的"法"认识可能性，就应当产生不实施行为的反对动机，否则，就应当承担故意行为的责任。可见，责任说的论理具有深刻的教义学基础、周延的政策性思考。

综上，关于违法性认识的概念，德、日刑法理论中存在"违反前法律规范的认识""违反法律的认识""违反刑法的认识"以及"可罚的刑法违反的认识"，这四种代表性观点。语言翻译的歧误、事后评价与评价性认识的混同、反对动机的形成与拟制的理性人相结合以及立法规定等因素，导致了违法性认识概念的争议。责任说的盛行、证明方式的推动、构成要件的限制以及违法性认识概念与违法性认识学说的结合，事实上将违法性认识的概念争议细微化。以违法性认识理论学说与违法性认识概念的对应关系为基础，结合违法性认识错误不可避免性的判断标准，可以发现违法性认识概念学说间的实质争议，即信赖错误但有效的判决或解释而行为、超越前法律规范涵摄范围的行政犯的处罚、违法性认识可能性与责任形式的对应关系。违法性认识中的“法”是整体、价值、观念意义上的“法”。[①] 承担故意责任，不需要行为人有现实的违法性认识，但需要有认识的可能性，否则，不应承担故意责任。

---

① 有学者以绝对的知法推定、相对的知法推定以及不知法不免责等理论为模版，对违法性认识的理论基础做出了研究。参见劳东燕：《责任主义与违法性认识问题》，载《中国法学》2008 年第 3 期。这种探索作为一种理论创新的视角值得推崇。在此，应当注意如下问题：不知法不赦的原则，其实质含义是不知法与知法对追究行为人的刑事责任均无影响，其与知法推定的原则存在区别，应当加以区分。以国外刑事立法为例，如果将违法性认识中的法理解为具体的法律规定，那么，德国刑法第 17 条的规定就是相对的知法推定的产物。与之相对，日本刑法第 38 条第 3 款，由于规定不能因不知法律而认为无犯意，但得以情节减轻处罚，这一规定就是不知法不赦的产物。换言之，前者是在推定知法基础上对不知法做例外规定，后者是以知不知法对犯罪成立无甚影响的基础上略微对不知法的情形在处罚上做任意性考量，不能将二者等同视之。

# 第四章　故意与消极的构成要件要素

## 第一节　问题的缘起

### 一、典型案例

在司法实践及教学过程中，会面临如下案例：被告人王某某入睡后，忽听见有人在其家屋外喊叫王某某与其妻佟某某的名字。王某某便到外屋查看，见一人正从窗户玻璃缺口处伸进手开门闩。王某某即用拳头击打了那人的手一下，该人急抽回手并跑走。王某某遂带上一把自制的木柄尖刀，与其妻一道，锁上门后，同去村书记吴某某家告知此事并电话报警。当王某某与其妻报警后返回自家院内时，发现自家窗前处有俩人影，此二人系本村村民何某某、齐某某来王家串门。王某某误以为是刚才欲侵入其住宅之人，见二人向其走来，疑为要袭击他，随即用手中的尖刀刺向走在前面的齐某某的胸部，致齐某某因气血胸，失血性休克当场死亡。[1]

① 北大法宝．王长友过失致人死亡案 https：//218.94.97.30/case/，DanaInfo=www.pkulaw.cn+pfnl_ 1970324837313125.html？keywords=%E5%81%87%E6%83%B3%E9%98%B2%E5%8D%AB&match=Exact，2016 年 5 月 19 日访问.

## 二、现有理论的疑问及本章的研究框架

在上例中，被告人王某某误认为存在现实的不法侵害，遂实施了符合客观构成要件的行为并导致刑法禁止的结果。这在我国刑法理论中被称为假想防卫。我国刑法理论通常认为，“假想防卫是由于行为人对事实认识的错误而发生的，因此，在实践中应依事实认识错误的处理原则来处理”,① 这种错误阻却故意。② 结合我国刑法理论主流观点对故意的定义，假想防卫的上述处理方式并非不言自明：既然通说认为，成立故意要求行为人对行为、结果等符合客观构成要件的事实以及行为及结果的社会危害性有认识,③ 那么，在假想防卫行为人对符合客观构成要件的事实有认识时，就只能以行为人对行为与结果不具有社会危害性认识为由否定主观故意。如若假想防卫人误以为行为或结果“有害”并希望或放任结果发生，其主观认识就符合了故意概念。假想防卫就存在成立故意犯罪的可能。与之相对，在德日刑法理论中，像这种误以为存在正当化事实，而实施了符合构成要件行为的情形，被称为容许构成要件错误或正当化情状的错误。对于这种类型错误的处理，理论上大致存在以故意说、罪责说为基础的学说对立。④ 学说争鸣的根源在于故意在阶层犯罪论体系中地位与内涵的不断调整。既然假想防卫属于一种错误，错误论旨在解决行为人主观认识与客观事态的不一致是否以及如何影响故意归责的问题，那么，有效化解容许构成要件错误的教义学危机就离不开故意理论。本章以假想防卫为切入点，以阶层体系中故意在多种因素作用下的演变为线索,⑤ 对容许构成要件错误问题展开分析。本章结构逐次递进：故意与不法意识（又称违法性认识、违法性意识）的离合（不法意识纳入故意中貌似有助于妥当解决容

① 高铭暄、马克昌：《刑法学》，北京大学出版社、高等教育出版社 2010 年版，第 131 页。

② 张明楷：《刑法学》，法律出版社 2014 年版，第 195 页。

③ 赵秉志：《当代刑法学》，中国政法大学出版社 2009 年版，第 133 页。

④ 张健一：《阶层体系下正当化情状错误问题的困境与破解》，载《中国刑事法杂志》2012 年第 12 期，第 3—10 页。

⑤ 从下文的论述可知，就容许构成要件错误而言，在知识论上可以将我国刑法理论的研究纳入阶层体系的故意说之中。

许构成要件错误问题，但这种方案存在固有缺陷，二者应当分离）——责任说提供的容许构成要件错误的教义学方案（既然故意与不法意识分离开来，就只能在责任说内部找寻容许构成要件错误的解决之策，消极构成要件理论的方案具有合理性）——站在消极构成要件理论的延长线上（我国刑法理论与司法实践对诸如防卫过当、假想防卫过当的罪过形式争议颇大，采用消极的构成要件理论所定义的故意概念，[①] 对于妥当解释防卫过当、假想防卫过当的罪过形式具有优越性）。

## 第二节　故意说的问题点与责任说的合理性

在阶层犯罪论体系中，同为行为主观面上的犯罪检验要素，不法意识与故意之间分分合合，呈现出藕断丝连的变貌，不法意识与故意的纠葛深刻影响着解决包括假想防卫在内等容许构成要件错误问题的教义学方案。本节首先概观不法意识与故意相互影响的学术史，进而论证不法意识与故意的分离。

### 一、故意与不法意识的学术史梳理

阶层犯罪论体系大致经历了“古典体系——新古典体系——目的体系——新古典暨目的论综合体系——目的理性体系”的演变。与之相应，故意在不同犯罪论体系内地位的变化影响着不法意识的内涵及其地位。不法意识与故意的关系，大致呈现为“不法意识与故意关系模糊不清——不法意识是作为罪责要素的故意认识内容——不法意识与构成要件故意的分离”的演进样态。

受“社会科学自然主义”风潮的影响，古典犯罪论体系以心理责任论解释罪责的本质，追究不法行为的故意责任以行为人心理上对违法事实的认识与意欲为要件，不法意识并不能当然地从责任本质论中找寻“容身”根据。因此“故意与过失是罪责形态，……故意除了对构成犯罪事实的认

① 陈璇：《论防卫过当与犯罪故意的兼容——兼从比较法的角度重构正当防卫的主观要件》，载《法学》2011 年第 1 期，第 117—118 页。

识之外，是否也包含对于行为违法性的认识，当时学说有争议”。① 及至新古典犯罪论体系时期，由于受新康德价值哲学的影响，可非难性成为责任的价值标准，规范的责任理论得到提倡，不法意识顺理成章成为罪责要素，但此时的不法意识仍然“潜伏”在作为责任要素的故意中。② 这就是盛极一时的故意说。根据该说，“构成要件错误、禁止错误以及对阻却违法的事实的错误认识（即容许构成要件错误——引者注），都能排除故意的存在，如果（错误）是可以避免的，最多只承担过失的责任”。③ 为缓和不法意识作为故意要素所招致——在刑事政策上处罚不力——的批评，故意论的支持者在两个方向上作出了努力：部分学者倾向于缓和对不法意识的解释：不法意识并不限于行为为法秩序所禁止的认识，还可能表现为义务违反的认识、社会危害性认识、违反条理的认识。由是观之，我国刑法理论通说对假想防卫的解释也是故意说的一种。④ 另一部分学者将潜在的不法意识（即违法性认识可能性）作为故意要素，这被称为限制故意说。⑤

20 世纪 30 年代，物本逻辑引入刑法信条学，目的犯罪论体系应运而生。由于“目的行为论证实了故意是在客观上对行为起塑造作用的因素，故意是不法概念的一个本质要素”，⑥ 因此，故意就从责任要素转变为构成要件要素。此时的故意与不法意识分离，以对符合构成要件的事实有认识为内容，这就是作为责任说鼻祖的严格责任说。按照该说，容许构成要件错误属于禁止错误，只有在这种错误不可避免时，才否定罪责，否则，行为成立故意犯罪。然而，“故意是摆明了反对规范、敌视规范，……这正

---

① 许玉秀：《当代刑法思潮》，中国民主法制出版社 2005 年版，第 65 页。

② 林东茂：《刑法综览》，中国人民大学出版社 2009 年版，第 40—41 页。

③ ［德］冈特·施特拉腾韦特、洛塔尔·库伦：《刑法总论 I ——犯罪论》，杨萌译，法律出版社 2006 年版，第 199 页。

④ ［日］泷川幸辰：《犯罪论序说》，王泰译，法律出版社 2005 年版，第 127 页。［日］大塚仁：《刑法概说》，冯军译，中国人民大学出版社 2003 年版，第 450 页。

⑤ 洪福增：《刑事责任之理论》，刑事法杂志社 1988 年版，第 100 页。

⑥ ［德］汉斯·韦尔策尔：《目的行为论导论（增补第 4 版）》，陈璇译，中国人民大学出版社 2015 年版，第 39 页。

是规范要予以制裁的理由”,① 容许构成要件错误的行为人并无敌视规范的人格态度，给予其故意的责任非难有欠妥当。正是由于严格责任说在处罚上过于“严格”，限制责任说开始在新古典与目的论综合体系中登上舞台。该说主张对容许构成要件错误适用构成要件错误的处断规则，即容许构成要件错误阻却故意。至于适用构成要件错误的理由，通说采双重故意理论：构成要件阶段与责任阶层同时存在故意，构成要件事实错误阻却构成要件故意，容许构成要件错误阻却责任故意。在目的理性犯罪论体系中，主流观点仍采限制责任说。② 大致可以将不法意识与故意的学术史归纳如下。

表 4

| | 古典体系 | 新古典体系 | 目的体系 | 新古典与目的体系 | 目的理性体系 |
|---|---|---|---|---|---|
| 构成要件符合性 | —— | —— | 构成要件故意 | 构成要件故意 | 构成要件故意 |
| 违法性 | —— | —— | —— | —— | —— |
| 责任 | 故意（可能包含不法意识） | 故意（包括不法意识） | 不法意识 | 不法意识、罪责故意 | 不法意识、罪责故意 |
| 不法意识的含义 | 主流观点是前法律规范违反的认识 | 主流观点是前法律规范违反的认识 | 主流观点是法规范违反的认识 | 主流观点是法规范违反的认识 | 主流观点是法规范违反的认识 |
| 不法意识与故意关系的学说 | 主流是故意说 | 故意说 | 责任说 | 责任说 | 责任说 |

## 二、故意说的问题点

### （一）故意说的“优点”经不起推敲

按照故意说的逻辑，对客观构成要件的认识（即构成要件故意）与不

① 许玉秀：《主观与客观之间——主观理论与客观归责》，法律出版社 2008 年版，第 127 页。

② ［德］克劳斯·罗克辛：《德国刑法教科书》，王世洲译，法律出版社 2005 年版，第 611—613 页。

法意识同属故意的认识内容，容许构成要件错误的行为人因不具备不法意识而至多承担过失责任。这看似具有简单明快的优点，但这种“优点”经不起推敲。详言之，不法意识是行为人对行为的规范评价，这种认识可能与规范对行为的评价抵牾。果真如此，如果重视行为人的“规范意识”，则可能出现正当防卫成立故意犯罪（至少因具备行为无价值而成立未遂犯）的问题；① 如果重视规范的评价，则不法意识就不是一种主观心理事实，其作为故意认知对象也就有“种属失调”的疑问。“在很大程度上，故意理论把刑法规范的有效性置于规范接受人的处置之中，但是，这也无法与作为一种客观秩序的法的功能协调一致。”②

（二）故意说可能导致罪刑失衡

在行为人因为漠视规范而无“现实的不法意识”（即违法性认识）时，故意说只能在过失犯罪的范围内寻求处罚依据。然而，“法律在有选择地规定处罚过失犯罪时，是以不谨慎的行为——行为过失——为模型”。③ 漠视规范的主体对规范是否被破坏是“无所谓”的态度，其在面临规范疑问时选择了“听天由命”。这并非是对规范要求的不谨慎态度，而是作出了侵犯法益的决定，在过失犯罪范围内找寻处罚依据的做法违背责任原则。

（三）严格故意说在刑事政策上招致批评

不法意识在现实中可能表现为“潜在的不法意识”，也可能表现为“现实的不法意识”。按照严格故意说，仅有“潜在的不法意识”时至多考虑过失犯罪的可罚性，这在刑事政策上招致非议：激情犯罪的行为人往往没有明确的不法意识，追究其过失犯罪的罪责却不合理。有学者认为“由

---

① 按照故意说，正当防卫人可能因认为自己行为“不对”“有害”而有故意。不要说普通人对行为的规范评价可能产生错误，就是司法人员也可能存在失误。例如，“妻子遭调戏，丈夫捅死人”案，公诉机关认为被告人的行为成立故意伤害罪，法院最终判决行为属正当防卫而无罪。参见 http：//sc. people. com. cn/n2/2016/0721/c345167-28702300. html，2016 年 7 月 22 日访问。

② ［德］克劳斯·罗克辛：《德国刑法教科书》，王世洲译，法律出版社 2005 年版，第 611 页。

③ ［德］冈特·施特拉腾韦特、洛塔尔·库伦：《刑法总论 I——犯罪论》，杨萌译，法律出版社 2006 年版，第 229 页。

于常习犯与确信犯并无违法性的意识，因而按照该说无法处罚”，① 这种批评并不合理：常习犯按照以往的处罚经验看，更可能具有不法意识；确信犯是“理想”与不法意识并存心中，正是由于“理想”与现实的冲突才被称为确信犯。与其说常习犯与确信犯并无不法意识，不如说规范无法在二者行为时，促使其形成不实施不法行为的反对动机。

（四）限制故意说混淆了作为规范要求的义务与作为心理事实的认识

照限制故意说，仅有“潜在的不法意识”时，可以追究故意罪责。“潜在的不法意识”是一种认识的可能性，其意在表示规范课以的注意义务，故意则是一种实在的心理事实，二者的性质上存在根本区别。此外，既然没有认识到结果但具有认识可能性这种意义上的事实过失，可以导致过失犯的处罚，为什么“潜在的不法意识”不能导致过失犯的处罚呢？将事实认识可能性与规范认知可能性区别对待的理由是什么呢？

可见，故意说貌似简洁明快的论理中隐藏着实质的危机，该说在刑事政策上也存在着处罚漏洞的疑问。正如上表所展示的那样，或许这也是故意论者倾向于对违法性认识的含义做缓和乃至模糊解释的原因之一。一旦否定不法意识是故意认知内容，由于阶层体系可以而四要件理论无法提供该要素独立存在的空间与依据，找寻容许构成要件错误的解决方案也就只能以阶层体系为论域。

## 三、责任说的合理性

在将不法意识与故意相区别这一根本问题上，德日法学界并无区别。二者的区别是：德国学者普遍将故意作为构成要件要素，因此，故意被称为构成要件故意；日本的行为无价值论者支持上述观点，部分结果无价值论者则将故意作为与不法意识并列的责任要素。本部分首先论述作为责任说附带问题的故意的体系地位，而后论述作为责任说核心观点的故意与不法意识的分离。

（一）故意是彰显行为违法性的构成要件要素

故意作为构成要件要素有诸多利好。具体表现为以下四个方面：

① ［日］西田典之：《日本刑法总论》，刘明祥、王昭武译，中国人民大学出版社 2007 年版，第 192 页。

第一，形塑不法行为的类型，减少犯罪检验过程中的“回头看”现象。例如，A 本意欲奸淫 B，在实施暴力行为压制其反抗后，因见 B 所携带的 iPhone 手机很好看而勒令 B 将手机转归其占有。如果将故意作为责任要素，A 的行为就仅具有抢劫罪的构成要件符合性，在责任阶段发现其奸淫意图后，只能重新回到构成要件阶段检验行为强奸罪的构成要件符合性。与之相对，将故意作为构成要件要素则可以避免这种现象。可见，“借助总则中规定的故意等才能实现犯罪的个别化机能”。①

第二，选定作为构成要件符合性判断标准的客观构成要件，避免相对稀缺的司法资源被“过度透支”。有观点认为：“基于‘违法是客观的，责任是主观’的命题，不法与责任的位阶性，也就是客观要件与主观要件的位阶性，……没有必要以犯罪个别化为由将故意与过失纳入构成要件。”②诸如砍人一刀之类的案件中，如果不考虑行为人的故意内容，就无法确定判断构成要件符合性的标准到底是故意杀人罪、故意伤害罪还是寻衅滋事罪，甚至所有以生命权为保护法益的分则条款都可能被作为“候选人”，这既不现实，也不经济。

第三，减少知识传承过程中可能出现的阻力，弥合人类经验与价值体系间的“缝隙”。“人类的社会关系，从一开始只能透过日常语言的媒介才能够加以理解和描述，所以当我们开始发展第一个法学思想时，我们始终在使用日常语言所制造、强制出来的规则及体系化的成果。”③ 既然如此，将诸如“甲故意杀人”“乙盗窃他人财物”等语言习惯中的规律（即行为意图定向行为性质），直接映射到犯罪检验体系中就符合了知识传承便利性的技术性要求。

第四，进一步厘清故意与目的的关系，与主观违法要素理论“遥相呼应”。诸如目的犯中的目的、未遂犯的故意被承认为主观违法要素，故意作为构成要件要素也就顺理成章了。正如平野龙一先生所言，如果不承认

① ［日］松宫孝明：《刑法总论讲义》，钱叶六译，中国人民大学出版社 2013 年版，第 43 页。

② 陈兴良：《犯罪论体系的位阶性研究》，载《法学研究》2010 年第 4 期，第 116—117 页。

③ 许玉秀、陈志辉：《不移不惑献身法与正义——许迺曼教授刑事法论文选辑》，新学林出版股份有限公司 2006 年版，第 251 页。

未遂犯中的“既遂的故意”是违法要素，在用枪对准被害人而未造成死亡时，就无法判断其属于杀人罪的不法，还是胁迫罪或抢劫罪的不法，甚至只是纯粹的开玩笑。[①] 此外，在目的犯中，承认目的是主观违法要素，就意味着承认故意作为违法要素的地位。以盗窃罪为例，认定行为人具有永久性排除他人对物占有的意思，必须以认定其表象了转移占有他人财产为前提。

（二）故意与不法意识的分离

大概十年之前，在刑法知识转型的大旗下，以不法意识取代社会危害性认识的观点被有力倡导，[②] 与之相对，基于刑事立法的规定反对将不法意识纳入故意中的传统观点也比较有力。[③] 那场大讨论十年之后的当下，可以确定的是：不法意识是与故意性质不同的责任要素。理由如下。

第一，故意与不法意识性质不同。故意是行为人认识并实现客观构成要件的主观心理事实；不法意识是行为人对行为背反法秩序的评价性认知。故意与过失的上位概念是心理态度；不法意识的上位概念则是对错、好坏。故意概念聚焦于“行为人怎么想的”；不法意识则关注“行为人应当以及是否可能怎么想”。正如日本学者福田平所言，故意是从意志形成的角度把握心理事实；不法意识是意志决定中是否能够形成反对动机层面的问题。[④]

第二，故意与不法意识的功能不同。故意是责任非难的对象，不法意识是责任非难的要素。[⑤] 行为人有意实施了符合构成要件的行为并至少容认了结果发生时，一个违法的事实就发生了。所谓责任非难就是考察这种违法事实是否值得规范谴责，因此，故意是责任非难的对象。根据规范责任论，这种违法事实是否可能被规范谴责，则需要考察行为人是否能够形成不实施不法行为的反对动机，不法意识是承担上述功能的要素之一。“故意”就是刀板上的“鱼肉”，是否被“切割”（被谴责）取决于“切割

① ［日］平野龙一：《刑法的机能性考察》，有斐阁1984年版，第30页。

② 陈兴良：《违法性认识研究》，载《中国法学》2005年第4期，第141页。

③ 姜伟：《罪过形式论》，北京大学出版社2008年版，第117—118页。

④ 冯军：《刑事责任论》，法律出版社1996年版，第218页。

⑤ ［德］汉斯·海因里希·耶赛克、托马斯·魏根特：《德国刑法教科书》，许久生译，中国法制出版社2001年版，第515页。

鱼肉有无好处”（行为人是否能够形成不法意识，如不能，谴责行为人也无意义）。正是由于不法意识是责任非难的要素，同时，无论“现实的不法意识”或“潜在的不法意识”都说明行为人对规范的藐视态度，因此，就决定对行为进行规范谴责而言，“潜在的不法意识”与“现实的不法意识”不存在根本性差异。

第三，不法意识是故意、过失共通的责任要素。故意的行为决意指向的是法律禁止的法益侵害结果，如甲男强奸乙女，其行为决意指向妇女性自主权的剥夺。“对故意的构成行为的刑罚依据，并不在于不服从中，而是存在于行为人以令人难以忍受的方式轻视了他人或公众的利益。”① 过失的行为决意指向的往往是与法律无关的结果，如司机丙想早点回家而闯红灯撞死行人丁，其行为决意指向的是早点回家。可见，过失犯的处罚根据并非行为决意，而是因为他在执行决意的过程中违反了交往中必要的注意。② 如果故意行为的主体因无法形成不法意识（最低程度是潜在的不法意识）而实施了不法行为，则规范将免于谴责行为人；如果过失行为的主体根本无法认识到规范所要求的交往中必要的注意义务，规范同样不能谴责行为人。因此，不法意识是独立于故意、过失的责任要素。

## 四、责任说面临的问题

### （一）附属刑法中追究故意责任的合理性疑问

按照责任说，行为人认识到符合客观构成要件的事实并且至少具备“潜在的不法意识”时，就可以追究其故意责任；如果其不可能形成不法意识时，则免于责任非难。这在多数情况下不存在疑问，因为“行为人所故意实施的行为，如果具有违法性，由于他作为社会成员，被推定为应当遵守规范和能够遵守规范，对其施加处罚就是妥当的”。③ 这种推定并非毫无疑问，这是因为“在附属刑法中，存在着数以千计的条文，没有人能够

---

① ［德］克劳斯·罗克辛：《德国刑法教科书》，王世洲译，法律出版社 2005 年版，第 611 页。

② ［德］汉斯·韦尔策尔：《目的行为论导论（增补第 4 版）》，陈璇译，中国人民大学出版社 2015 年版，第 82—83 页。

③ 周光权：《违法性认识不是故意的要素》，载《中国法学》2006 年第 1 期，第 128 页。

记住，……对于非法学工作者，也就不能立即从构成行为的情节中产生出对社会危害性的意识”。[①] 因此，德国有不少学者主张对法定犯的禁止错误按照构成要件错误处理。[②] 应当认为，附属刑法禁止的行为隶属于特殊领域，对于初涉该领域的主体，推定其对行为的违法性不具有认识可能性并无不可，这是对公民预测可能性原则的贯彻。对于反复从事某项行为的主体，由于其交往对象等外在环境的存在，其不具备“潜在的不法意识”是说不通的，推定其存在不法意识并无不可。因此，法定犯的禁止错误无须按照构成要件错误处理。

（二）容许构成要件错误处理方案与故意本质的教义学冲突

本章接下来将找寻在故意与不法意识分离后，妥当处理容许构成要件错误的教义学方案。

## 第三节　责任说内部解决容许构成要件错误问题的教义学方案

为提供容许构成要件错误的教义学方案，学界在故意说、责任说框架下建构了若干理论。由于上文论证了故意说的缺陷，故而本部分首先梳理责任说框架下力图妥当解决容许构成要件错误问题的教义学方案，进而作出选择。

### 一、学说诸相

（一）严格责任说

正如上文所述，严格责任说是以故意说“挑战者”形象出现的。该说在否定故意说所持的——事实错误与法律错误——错误分类模式的同时，提出了构成要件错误与禁止错误的错误论框架。按照该说，容许构成要件

① ［德］克劳斯·罗克辛：《德国刑法教科书》，王世洲译，法律出版社2005年版，第612页。

② ［德］梯德曼：《附属刑法中的构成要件错误与禁止错误》，林东茂译，载《政大法学评论》第50期，第69—80页。

错误的行为人表象符合客观构成要件的事实，故不存在构成要件错误，行为顺利通过构成要件符合性和违法性的检验；在三阶层体系的责任阶段，“行为人对其故意实现构成要件之行为的违法性产生了错误认识，……只是出现了禁止错误”①，根据德国刑法第 17 条的规定，禁止错误只有在不可避免时才会免除责任，否则，行为人承担故意犯罪的责任。该说的检验方案如下表。

**表 5**

| 容许构成要件错误 | 严格故意说 |
|---|---|
| 构成要件符合性 | 存在符合客观构成要件的行为→客观构成要件符合 |
| | 对符合客观构成要件的事实有认识→构成要件故意 |
| 违法性 | ↓ |
| 责任 | 可避免的禁止错误→故意犯，减轻责任 |
| | 不可避免的禁止错误→无罪 |

采严格责任说，不会出现下文所述的共犯处罚困境与“回旋飞碟”现象。严格责任说的方案被批评为法律后果上太过严厉，这有违法感情。②更有学者指出严格责任说的逻辑缺陷：按严格责任说论者所持目的行为论，对社会现象的目的支配被视为行为的本质，同时因严格区分不法意识与实现意志，那么，所有为实现意志奠定基础的事实——而非仅限于符合构成要件的事实——都应当是故意的认识内容。③

（二）限制责任说

正是由于严格责任说在逻辑及法律效果层面的缺陷，限制责任说借着容许构成要件错误问题登上历史舞台。该说旨在避免通过作为责任要素的不法意识解决容许构成要件错误问题，因此，最初的责任说就被“限制”

① ［德］汉斯·韦尔策尔：《目的行为论导论（增补第 4 版）》，陈璇译，中国人民大学出版社 2015 年版，第 89 页。

② ［德］汉斯·海因里希·耶赛克、托马斯·魏根特：《德国刑法教科书》，许久生译，中国法制出版社 2001 年版，第 554 页。

③ 许玉秀、陈志辉：《不移不惑献身法与正义——许迺曼教授刑事法论文选辑》，新学林出版股份有限公司 2006 年版，第 283 页。

了，故而被命名为限制责任说。① 照上述理解，限制责任说大体归纳为如下四种方案：最初的限制责任说、消极的构成要件理论、指明法律后果的责任说、不法阻却说。

1. 最初的限制责任说

对于容许构成要件错误，最初的限制责任说主张类推适用构成要件错误的处理方式，这是因为，“容许构成要件错误虽非构成要件错误，但系属对于犯罪事实要件的错误，由于行为人的主观目的，与其他欠缺故意的构成要件错误的行为人的主观目的，在立法者的评价上均属正当，且就法律规范的观点，两者有其相类似性”。② 下表表明了最初的限制责任说对容许构成要件错误的处理方案。

表 6

| 容许构成要件错误 | 最初的限制责任说 |
| --- | --- |
| 构成要件符合性 | 存在符合客观构成要件的行为→客观构成要件符合 |
| | 对符合客观构成要件的事实有认识→构成要件故意 |
| 违法性 | 容许构成要件错误→阻却构成要件故意 |
| 责任 | —— |

由于在三阶层体系内的容许构成要件错误并非构成要件错误，最初的限制责任说主张，对其“类推”而非“直接”援引构成要件错误的处理规则，这在逻辑上具有一贯性。至于对其“类推”适用规范在方法论上招致的批评，本书认为并不成立，因为罪刑法定原则并不反对有利于被告人的类推。此外，该说否定容许构成要件错误行为人具备故意犯的可罚性，这在法感情上可以得到认可。同时，该说面临如下批评，这些批评有待剖析。

①“回旋飞碟”的质疑被认为是该说挥之不去的梦魇。③ 自目的行为

① ［德］克劳斯·罗克辛：《德国刑法教科书》，王世洲译，法律出版社 2005 年版，第 612 页。

② 林山田：《刑法通论》，北京大学出版社 2012 年版，第 289—290 页。

③ ［日］松宫孝明：《犯罪论体系再考》，张小宁译，载《中外法学》2008 年第 4 期，第 566—579 页。

论以来，三阶层体系的主流观点均将故意置于构成要件阶层，行为人存在对符合构成要件事实的认识即完成构成要件故意的检验。正如上表所示，在行为符合构成要件后，如果行为人存在对阻却违法事实前提的认识，就可以反过来否定已经证立的构成要件故意。

②恶意参加人的处罚困境被认为是该说在共犯论上的软肋。例如，甲误认为存在阻却违法的事实前提而实施了符合构成要件的行为，乙对甲实施构成要件性行为提供了帮助。根据最初的限制责任说，甲对违法事实没有故意，“在行为不法层面认为成立过失，而对于过失的不法行为，是不能帮助或教唆的”。[①] 在容许构成要件错误的事例中，如果不能以间接正犯处罚参加人，则无罪。

③与禁止错误处理机制上的不协调被认为是该说在逻辑上的盲区。日本学者认为，在假想防卫的情况下，行为人存在对构成要件事实的认识，这就要面临规范是否容许的问题，在因不注意而轻率相信自己行为是被容许的情况下，考虑给予故意的责任非难是妥当的。[②] 按照这种观点，容许构成要件错误的行为人与禁止错误的行为人都是面临规范的问题，既然在因轻率而禁止错误的情况下不否定故意责任，前者也应得到相同处理。

正是由于上述批评，消极的构成要件理论与指明法律后果的责任说作为限制责任说中的“改良品种”登上历史舞台。两个学说在否定容许构成要件错误问题故意犯可罚性的同时，致力于克服最初的限制责任说所面临的“回旋飞碟”问题。

2. 消极的构成要件理论

消极的构成要件理论认为，犯罪的实体是不法与责任。“构成要件和违法性的作用都是在确定犯罪的不法内涵，二者在性质上并无差异。”[③] “不法构成要件便是由犯罪的构成要件的积极要素和容许构成要件的消极

① 林东茂：《刑法综览》，中国人民大学出版社 2009 年版，第 196 页。

② ［日］野村稔：《刑法总论》，全理其、何力译，法律出版社 2001 年版，第 241 页。

③ 张丽卿：《刑法总则理论与运用》，五南图书出版公司 2012 年版，第 283 页。

要素二者的组合：积极要素证立不法，而消极要素则相反。”① 成立故意不仅需要对积极证立不法的事实有认识，还要有“无阻却违法事由的认识”。容许构成要件错误的主体因存在阻却违法事实前提的认识，而不具备故意。该说对容许构成要件错误的处理方案如下。

**表 7**

<table>
<tr><th>消极的构成要件理论</th><th colspan="3">容许构成要件错误</th><th>结论</th></tr>
<tr><td rowspan="4">不法构成要件<br>符合性<br>↓</td><td rowspan="2">客观</td><td>事实符合犯罪构成要件</td><td>肯定</td><td rowspan="2">客观构成要件符合</td></tr>
<tr><td>事实上无阻却违法事由</td><td>肯定</td></tr>
<tr><td rowspan="2">主观</td><td>客观犯罪事实的认识</td><td>肯定</td><td rowspan="2">主观构成要件<br>不符合→否定故意</td></tr>
<tr><td>无阻却违法事由的认识</td><td>否定</td></tr>
<tr><td>责任</td><td colspan="3">——</td><td></td></tr>
</table>

消极构成要件理论因在容许构成要件错误问题上可以妥当解决“回旋飞碟”问题，得到越来越多的支持。但该说也因对三阶层方案的背离受到如下批评。

①在价值上混淆了构成要件与违法性阶层：该理论“是自我剥夺了注意到从一开始起就是构成要件缺失性的举止，与侵犯了受保护的法益，但有特别的正当化根据与之庇护的发生事件之间的价值上差别的可能性”。② 不符合构成要件的行为与符合构成要件但不具有违法性的行为本质不同。Welzel 批评该说导致“从法律上来说，（正当防卫——引者注）杀害一个人和拍死一只蚊子没有什么两样！”③

②导致作为构成要件与违法性基础的“禁止规范”与“容许规范”的混淆：按照消极构成要件理论，“不得侵犯法益”的禁止规范与“符合一定条件可以侵害法益”的容许规范不存在根本差异。然而，正当化事由所对应的“容许规范”是有限度的，行为人有义务遵守这种限制。法秩序只

① ［德］金德霍伊泽尔：《刑法总论教科书》，蔡桂生译，北京大学出版社 2015 年版，第 275 页。

② ［德］约翰内斯·维塞尔斯：《德国刑法总论》，李昌珂译，法律出版社 2008 年版，第 74 页。

③ ［德］汉斯·韦尔策尔：《目的行为论导论（增补第 4 版）》，陈璇译，中国人民大学出版社 2015 年版，第 32 页。

是在例外情况下容许这种侵犯“自我决定权”的行为。禁止规范则是与之不同的抽象禁止命令。①

③模糊了构成要件与违法性在判断方法上的差异：“在德日犯罪论体系中，行为是否符合构成要件是一种定型的判断，不需要价值衡量；但正当化事由不是基于规范的一般例外，而是为了解决社会冲突而必须就个别事例进行价值衡量。”②

④导致故意犯的处罚近乎不可能：要求行为人在行为人考察过所有的正当化事由都不存在，才能成立故意，这将导致处罚故意犯近乎不可能。③

⑤虽然能够圆满解决“回旋飞碟”问题，但该说在容许构成要件错误问题上直接否定作为构成要件要素的故意，导致和最初的限制责任说一样被指责为无法妥当处理恶意参加人的问题。④

3. 指明法律后果的责任说

该说主张，就容许构成要件错误而言，不能否认存在构成要件故意，但会否定故意罪责，如果行为人对这种错误有过失，可以适用过失犯罪的法律后果。理由有两点：一是因阻却违法事由事实前提的认识而导致行为非价的减弱；二是行为人不存在对故意犯而言典型的与法律共同体价值观念相背离的情况。⑤ 行为人并没有“对待法律要求的举止规范的敌视或者冷漠的行为人态度”。⑥ 由于该说在构成要件阶段和责任阶段都检验故意，故意在犯罪论体系上被赋予了双重功能，故被称为故意的双重地位理论。该理论的检验结构如下表。

① ［德］汉斯·韦尔策尔：《目的行为论导论（增补第 4 版）》，陈璇译，中国人民大学出版社 2015 年版，第 32 页。

② 张明楷：《外国刑法纲要》，清华大学出版社 2007 年版，第 77 页。

③ 蔡桂生：《论故意在犯罪论体系中的双层定位——兼论消极的构成要件要素》，载《环球法律评论》2013 年第 6 期，第 79 页。

④ ［德］约翰内斯·维塞尔斯：《德国刑法总论》，李昌珂译，法律出版社 2008 年版，第 258—259 页。

⑤ ［德］汉斯·海因里希·耶赛克、托马斯·魏根特：《德国刑法教科书》，许久生译，中国法制出版社 2001 年版，第 555—556 页。

⑥ ［德］约翰内斯·维塞尔斯：《德国刑法总论》，李昌珂译，法律出版社 2008 年版，第 230 页。

表 8

| 指明法律后果的责任说 | 容许构成要件错误 |
|---|---|
| 构成要件符合性 | 符合客观构成要件的行为→客观构成要件符合 |
| | 符合客观构成要件的事实有认识→构成要件故意 |
| 违法性 | ↓ |
| 责任 | 阻却违法事实前提的认识→否定罪责故意 |

该理论因如下理由成为德国的通说：第一，解决了最初的限制责任说无法克服的“回旋飞碟”现象。如上表所示，该说在构成要件阶层承认了构成要件故意的存在。进而，在故意不法推定故意罪责的过程中，以存在阻却违法事实前提的认识为由得出了否定性结论，而不是如最初的限制责任说那样在肯定构成要件故意后又去否定构成要件故意。第二，恶意参加人处罚困境被破解。由于限制从属性说是德、日的主流学说，在容许构成要件错误时，要处罚间接参与不法行为的主体，就必须在构成要件阶段承认正犯的故意。该说通过在两个阶段检验故意，就可以认可，恶意参与人与容许构成要件错误行为人共同完成了不法行为，进而在责任阶段以个别责任原则追究其刑事责任。与此同时，该说也面临如下批评：

①在逻辑上存在可议之处：因行为人存在对符合构成要件事实的认识而在构成要件阶段承认故意，进而在责任阶段以行为人不具备故意犯那样的敌对规范意识为由认可责任过失。“这样一来，会出现构成要件阶段与责任阶段罪名不统一的情况。”① 在最终的罪名选择上，如果以构成要件故意为主导，该说和严格责任说结论一致；如果以责任过失为主导，构成要件的犯罪个别化机能将被否定，而这恰恰成为结果无价值论者攻击二元行为无价值论的重要突破口。

②所谓“恶意参加人处罚困境的破解”并非该说的优势，恰恰是该说不合理扩大处罚范围的体现。一方面，既然共犯的成立以正犯故意为前提，对于正犯无故意的情况下恶意参与人只能寻求按间接正犯处罚，否则就应当是无罪。另一方面，在身份犯的场合，没有身份的共犯参与非故意

① ［日］松原芳博：《刑法总论重要问题》，王昭武译，中国政法大学出版社2014年版，第194页。

的正犯行为，这本就是立法者预设为不具有可罚性的情形，没必要处罚恶意参与人。[①] 上述两种情况，按照指明法律后果的责任说，都将面临扩张处罚恶意参与人的问题。

③作为罪责形态的故意并无独立的检验要素。在古典犯罪论体系中，故意包括对构成要件事实的知与欲，以及不法意识。在目的论体系将故意置于构成要件阶层之后，责任里面仅仅残存了不法意识。但主张故意双重地位的新古典与目的论综合体系将不法意识与责任故意并列为责任要素，那么，责任故意的内容是什么？构成要件故意以对不法事实的认知为内容；相应地，责任故意也要有内容才能成为犯罪检验要素。主张故意双重地位的学者未曾正面阐述责任故意的内容。[②]

4. 不法阻却说

该说以一元的行为无价值论为基础，认为虽然不能否认对无辜第三人的损害具备结果无价值，但是容许构成要件错误的行为人因具备遵守法规范命令对抗不法侵害的意思（即保护法益的意思），而不具备故意犯的行为无价值，因此，容许构成要件错误阻却故意不法。[③] 该理论的检验结构如下表。

**表 9**

<table>
<tr><td>不法阻却说</td><td colspan="2">容许构成要件错误</td></tr>
<tr><td rowspan="2">构成要件符合性</td><td colspan="2">存在符合客观构成要件的行为→客观构成要件符合</td></tr>
<tr><td colspan="2">对符合客观构成要件的事实有认识→构成要件故意</td></tr>
<tr><td rowspan="2">违法性</td><td>有法益侵害→有结果无价值</td><td rowspan="2">→否定故意不法</td></tr>
<tr><td>有保护法益的认识→无行为无价值</td></tr>
<tr><td>责任</td><td colspan="2">——</td></tr>
</table>

该说确实有扩大公民正当防卫空间以避免面临不法侵害时行为萎缩的

---

① 许玉秀、陈志辉：《不移不惑献身法与正义——许迺曼教授刑事法论文选辑》，新学林出版股份有限公司 2006 年版，第 281 页。

② 许玉秀：《主观与客观之间——主观理论与客观归责》，法律出版社 2008 年版，第 53—54 页。

③ ［日］川端博：《刑法总论》，余振华译，元照出版公司 2008 年版，第 212 页。

效果，同时，也能够避免将容许构成要件错误以故意犯处罚。但其问题在于：否定容许构成要件错误行为的不法性，就意味着无辜第三人需要容忍陷入错误主体的行为，这显然不合理。

## 二、消极构成要件要素理论的合理性

容许构成要件错误本身不是一个问题，其关联的一系列问题才是“真问题”。解决了围绕着容许构成要件错误的一揽子问题，也就解决了该问题。这些问题如下：容许构成要件错误是否阻却故意、“回旋飞碟”现象的化解、恶意参加人的处罚边界、责任故意究竟是什么、消极构成要件理论面临的质疑是否合理。

### （一）容许构成要件错误是否阻却故意

对于容许构成要件错误是否阻却故意，严格责任说与限制责任说分别给出了否定与肯定回答。二者的区别在于，认识到符合构成要件的事实是否就需要思考规范是否容许的问题。严格责任说认为，行为人认识到符合构成要件的事实就具备构成要件故意，此时，就应该考虑行为是否正当。①行为人对阻却违法事实的认识只能影响不法意识。但这并不符合事实：医生不是意识到手术行为侵害他人身体健康就被要求考虑行为是否正当。毋宁说医生是在存在病患（推定的）承诺与手术行为对他人身体健康存在伤害后，才面临考虑规范是否容许的义务。可见，不是符合构成要件的事实，而是所有影响不法的事实整体才能构成要求行为人考虑规范问题的基础。因此，行为人对影响不法的事实认识错误就不能影响不法意识，而只能影响故意，即容许构成要件错误应当阻却故意。

严格责任说将容许构成要件错误作为禁止错误，其直接原因在于以“构成要件错误——禁止错误”取代“事实错误——法律错误”的错误论框架。作为严格责任说的鼻祖，“Welzel之所以采取新分类，其目的在于否定德国旧联邦法院依据错误之关于‘事实’抑系关于‘法概念’一点，以区别‘事实之错误’与‘法律之错误’”②。然而，“构成要件错误——

① ［德］金德霍伊泽尔：《刑法总论教科书》，蔡桂生译，北京大学出版社2015年版，第279页。

② 洪福增：《刑事责任之理论》，刑事法杂志社1988年版，第234页。

禁止错误”的错误论框架却是弊大于利。如下表所示，在“构成要件错误——禁止错误”分类模式下，涵摄错误作为一种对构成要件事实的认识错误却要适用禁止错误的法律效果；容许构成要件错误作为禁止错误却为主流观点视为适用构成要件错误的法律效果。“构成要件错误——禁止错误”的分类模式虽与犯罪检验阶层相一致，但却违背了错误论的基本取向：错误论旨在研究主观与客观不一致时的法律效果，法律效果同一的错误应当归属于同一类。可见，作为容许构成要件错误处理前提的错误论模式也存在根本性疑问。

**表 10**

| | 事实错误 | 法律错误 |
|---|---|---|
| 构成要件错误 | 对象错误、打击错误、因果关系错误 | 涵摄错误 |
| 禁止错误 | 容许构成要件错误 | 直接禁止错误、间接禁止错误 |

无论是从自身的逻辑构造，还是从作为容许构成要件错误根基的错误论框架方面来说，严格责任说都存在可议之处，只能从限制责任说内部找寻解决容许构成要件错误问题的教义学方案。

（二）“回旋飞碟”现象的形式与实质

1. “回旋飞碟”现象在形式上意味着司法资源的浪费

经典的三阶层体系贯彻“构成要件符合性——违法性——责任”的检验体系，符合构成要件的行为可能因正当防卫等情形而阻却行为的违法性，即行为的违法性而非构成要件符合性被否定。与之相对，在最初的限制责任说中，在承认了构成要件故意之后，又以阻却违法事实的认知而否定已经证立了的构成要件故意。可见，“回旋飞碟”现象与阶层体系的检验构造存在本质区别。前者意味着司法操作在做“无用功”。

2. “回旋飞碟”现象在实质上存在逻辑与功能的双重疑问

“回旋飞碟”现象彰显出最初的限制责任说在不法判断中的逻辑瑕疵。以一个与构成要件故意无关的要素否定构成要件故意，好比是以 N 个条件定义“人”，然后以第 N+1 个条件否定符合前 N 个条件所证立的对象为人。既然可以因行为人存在阻却违法事实的认识而否定构成要件故意，就说明构成要件故意无法独立承载证明故意犯主观不法的功能，还意味着对符合构成要件事实的认知并不能充足故意的认知要素。于是，最初的限制责任说演变为消极的构成要件理论就具有逻辑必然性。

“回旋飞碟”现象消解了构成要件的诸多功能。该现象导致经构成要件检验的事实在事后被否定构成要件符合性，构成要件的故意就包含着构成要件过失，于是，构成要件的犯罪个别化机能被否定。① 此外，由于德国、日本刑法典均未明确规定故意的概念，构成要件的故意规制机能就被视为法治国原则的重要保障。在“回旋飞碟”现象影响下，对客观构成要件事实的认知所证立的构成要件故意被否定，故意的认知要素丧失明确性，构成要件的故意规制机能被否定。

既然“回旋飞碟”现象存在诸多疑问，与之相关联的最初的限制责任说也就只能被舍弃。解决容许构成要件错误的教义学方案仅剩指明法律后果的责任说与消极的构成要件理论。

（三）恶意参加人的处罚边界

在正犯存在容许构成要件错误时，对于如何处罚恶意利用这种状况参与到不法行为中的人，成为学说角力的重要战场。深入剖析可以发现，指明法律后果的责任说在共犯论上的“优势”可能瞬间转化为“弱点”。根据德国刑法的规定、判例以及德国、日本刑法理论的通说，教唆犯、帮助犯的成立以正犯具有故意为前提，即共犯对正犯的故意须具有从属性。②我国刑法理论的通说也将正犯故意作为教唆犯、帮助犯的成立条件。③

表 11

| 对恶意参加人的处理 | 参加人认识到正犯的容许构成要件错误 | 参加人误认正犯无容许构成要件错误 |
|---|---|---|
| 指明法律后果的责任说 | 教唆犯或帮助犯 | 教唆犯或帮助犯 |
| 消极的构成要件理论 | 间接正犯或无罪 | 无罪 |

① ［日］松宫孝明：《刑法总论讲义》，钱叶六译，中国人民大学出版社 2013 年版，第 42—43 页。

② 张明楷：《共犯对正犯故意的从属性之否定》，载《政法论坛》2010 年第 5 期，第 11 页。

③ 高铭暄、马克昌：《刑法学》，北京大学出版社、高等教育出版社 2010 年版，第 172—178 页。

如上表所示，容许构成要件错误情况下的恶意参加人包括两种情形。如果恶意参加人认识到正犯的认识错误，指明法律后果的责任说认可正犯的构成要件故意，恶意参加人可以作为教唆犯或帮助犯处罚；消极的构成要件理论否定正犯故意，恶意参加人只能按正犯（间接正犯）处罚，否则即无罪。如果恶意参加人误认为正犯无容许构成要件错误，指明法律后果的责任说认可正犯的构成要件故意，恶意参加人的主客观内容在教唆或帮助范围内重合，可以作为教唆犯或帮助犯处罚；消极的构成要件理论否定正犯故意，即便产生间接正犯的效果，但恶意共犯只有教唆的意图，恶意参加人也是无罪。于是，恶意参加人的处罚边界可以细化为两个问题：恶意参加人达到对犯罪行为的支配程度时，是共犯还是正犯（问题一）；恶意参加人未达到上述程度时，是否值得作为共犯处罚（问题二）?

对于问题一，如果对于恶意参加人按照共犯处理，就意味着是在根据有无“共犯的意思”参与到犯罪中区别共犯与正犯。这种关于正犯基准问题上的学说被称为主观的共犯论。“其理论背景是因果关系中的等价说，亦即，在客观上参与人的行为对结果都是等值的。”① 等价说显然与事实不符：参与到犯罪中的人对于法益侵害在客观上是有差异的，主观共犯论的标准只会导致正犯与共犯区别的肆意性。于是，实质的客观说逐渐成为通说。该说认为，“正犯的根本性标准在于具有犯罪行为支配”②。根据该说，在容许构成要件错误中，恶意参加人在认识到正犯的错误认识后加以利用，如果这种利用使正犯达到了“没有故意的工具”这种程度，将恶意参加人作为间接正犯处罚就是合理的。可见，容许构成要件错误问题上的消极的构成要件理论与作为正犯通行基准的实质客观说存在内在一致性。

对于问题二，当恶意参加人没有支配犯罪事实时，因其恶意将其作为共犯处罚，看似具有合理性，实质有违衡平原则。根据指明法律后果的责任说，容许构成要件错误的行为人至多承担过失责任，此时的恶意参与人要承担共犯责任；与之相对，故意参与到他人过失不法行为中来，在参加

① ［日］松宫孝明：《刑法总论讲义》，钱叶六译，中国人民大学出版社 2013 年版，第 195 页。

② ［德］金德霍伊泽尔：《刑法总论教科书》，蔡桂生译，北京大学出版社 2015 年版，第 400 页。

者尚未达到支配犯罪事实程度时，由于共犯对正犯故意的从属，恶意参加人无须处罚。两相对比，处罚容认构成要件错误中尚未支配犯罪事实的恶意参加人就不具有合理性。事实上，被指明法律后果的责任说所指摘的“恶意参加人处罚漏洞”，是由睁着眼睛的立法者自己所创立的，这源于立法对参与非故意行为的处罚的禁止，与参与他人非故意行为相比，这种禁止本身就是可以容忍的。①

（四）责任故意是权宜之计

1. 责任故意并无检验要素

任何体系自有其关涉的最高价值，犯罪论体系的最高价值是不法与罪责。实现这些最高价值需要若干下位概念，这些概念都承载着最高价值的部分功能，实现这些功能需要检验概念的内容。例如，罪责的下位概念有责任能力、不法意识等，这些概念从不同侧面检讨能否谴责行为人。其中，责任能力是通过检验辨认能力和控制能力、不法意识是通过检验行为为法所不容许的认识完成上述功能。指明法律后果的责任说在犯罪检验中依次考察构成要件故意与责任故意。责任故意承载着检验行为人是否具有敌视、蔑视法规范态度的功能，然而，其不具有并未实现上述功能的实体内容：到底哪些内容证明了行为人对待法规范敌视、蔑视的态度呢？双重故意理论的支持者们并未正面回答这一疑问。

2. 双重故意理论对故意实质的解读与消极的构成要件理论并无区别

指明法律后果的责任说认为，行为人存在对阻却违法事实前提的认识体现出其没有敌视、蔑视法规范的态度。② 这就意味着构成要件故意所推定的行为人敌视法规范的态度，为责任故意所否定。这从反面说明，指明法律后果的责任说论者也将故意责任的本质定义为敌视、蔑视法规范的态度。这一任务是通过构成要件故意与责任故意共同完成。如此说来，追究故意责任需要行为人认识到符合构成要件的事实与不具备阻却违法事实的认识，此时的故意概念与消极的构成要件理论就没有区别了。

---

① ［德］克劳斯·罗克辛：《德国刑法教科书》，王世洲译，法律出版社 2005 年版，第 409—410 页。

② ［德］约翰内斯·维塞尔斯：《德国刑法总论》，李昌珂译，法律出版社 2008 年版，第 230 页。

3. 责任故意概念仅仅是解决容许构成要件错误的权宜之计

将讨论的视角延展到假想防卫过当领域，就会发现责任故意概念只能导致进一步的混乱。假想防卫过当的行为人对符合构成要件的事实有认识，其责任形式是故意还是过失呢？根据哪些要素证明行为人对法规范的态度呢？

（五）对消极构成要件理论的指责并不合理

1. 从法益保护的立场观察，对法不重要的行为与法所容许的行为之间并无区别

正当防卫杀人和打死一只蚊子都是法律不禁止的行为，都意味着不能对之正当防卫。从反面看，“排除构成要件与排除不法不可能总是被清楚地区别开来”。① 例如，受所有权人委托将其电视机砸坏的行为看似是因承诺而不违法，但也可用社会相当性理论阻却构成要件符合性。

2. “贝林以后犯罪论的历史乃是逐渐深化构成要件符合性与违法性之间关联的历史”②

其大体发展态势如下：构成要件从与违法性毫无关系——构成要件是违法性的认识根据——构成要件是违法性的存在根据——客观归责所代表的实质的构成要件理论。规范的构成要件要素与主观违法要素的发现，以及社会相当性理论及客观归责理论的提出，成为二者逐渐接近的推手。尤其是客观归责理论中的风险降低等极为具体的判断程式，基本上否定了“构成要件是抽象的类型判断、违法性是具体的个别判断”。

3. 区分构成要件符合性与违法性最有力的说辞，莫过于“禁止规范”与“容许命题”的实质差异

“禁止规范”要求“不得杀人”；“容许命题”则指出“正当防卫可以杀人”。由于规范是划定行为合法与违法界限的标准，而划分合法与违法必须用相同的价值尺度，因此，刑法没有必要像“容许命题”那样说明允许什么，而是将“容许命题”纳入“禁止规范”以完整的指明禁止什么。

---

① ［德］冈特·施特拉腾韦特、洛塔尔·库伦：《刑法总论Ⅰ——犯罪论》，杨萌译，法律出版社2006年版，第201页。

② ［日］西原春夫：《犯罪实行行为论》，戴波、江溯译，北京大学出版社2006年版，第34页。

以故意杀人罪的规范为例，“不得杀人”的禁止规范并没有完整划定合法与违法的界限；“不得无故杀人”这一结合了“容许命题”与“禁止规范”的规则才是行为违法性的根据。“韦尔策尔所谓的容许命题，仍然是规范的一部分，它是与构成要件一道决定作为规范违反性的违法性的法律命题。”①

4. 与故意概念相关联时，消极构成要件理论招致的批评最为强烈：无阻却违法事由认识的要求太过苛刻，容易因证明困难而放纵犯罪

这是一种误解：第一，不能混淆评价的对象与评价的标准。行为人所想只是一种作为评价对象的心理事实，无阻却违法事由的认识是一种标准，根据这种标准评价某种心理事实是否是故意。例如，盗窃的主观构成要件要求认识到转移占有他人财物，但在行为人脑海中有诸如“将东西揣在自己口袋”的认识就可以肯定故意。无阻却违法事由认识并非是要求认识到“阻却违法事由”不存在，而只是需要认识的客观情状并非阻却违法事由。第二，作为评价对象与无阻却违法事由认识相对应的心理事实，并非是不能把握的。行为人认识到没有诸如“别人攻击自己”等特殊事由这一“平常状态”就可以评价为无阻却违法事由认识。“无阻却违法事由认识”并非要求行为人一一检验有无阻却违法事由，而是检验行为人主观上有无对阻却违法事由对应的客观情状的认识。“无阻却违法事由认识”作为评价标准，是一种否定表达方式。第三，作为评价对象与无阻却违法事由认识相对应的心理事实，并非是不能证明的。正如黄荣坚教授所言，成立故意所需要的认识并不一定是行为人在上意识的中心地带的对事物清楚的认识，也可能是由于经验积累形成的在上意识边缘地带的对事物的含糊的意识。② 例如，甲满怀仇恨的举刀捅向乙的心脏，此时占据甲意识的中心地带的可能是仇恨，但这并不能否认在意识边缘地带甲认识到乙会被捅死。同理，无阻却违法事由的认识所对应的心理事实，往往因不居于上意识的核心地带而被忽略。在诉讼中，通过行为人日常的生活经验推定这种心理事实即可。

---

① ［日］西原春夫：《犯罪实行行为论》，戴波、江溯译，北京大学出版社 2006 年版，第 48 页。

② 黄荣坚：《刑法解题——关于不法意识及犯罪结构》，载《台大法学论丛》第 21 卷第 1 期，第 198 页。

综上，面对容许构成要件错误，严格责任说的法律效果过于“严厉”、最初的限制责任说内在矛盾、双重故意理论对责任故意的解释语焉不详，消极构成要件理论既可以避免“回旋飞碟”现象，对恶意参加人的处罚又可以“张弛有度”，还可以妥当回应各种质疑，因此，应当选择该说作为容许构成要件错误的教义学方案。

在刑法解释论上，本书还面临一个问题：如何使上述故意概念在我国刑法的范围内找到生存空间。《刑法》第十四条规定：“明知自己的行为会发生危害社会的结果，并且希望或者放任这种结果发生，因而构成犯罪的，是故意犯罪。”正是基于上述规定，通说一直将社会危害性认识作为故意的认识内容。本书尝试做如下解释：《刑法》第十四条中“危害社会的结果”是行为在客观上被评价为危害社会，而不是行为人主观上对行为的评价。因此，行为人认识到自己的被评价为有害于社会的行为及结果，进而希望或放任结果发生时，就具有故意。由于刑法只是规定了故意犯罪的概念，因此如此解释犯罪的故意也是在条文用语可能的含义之内，这并不违反罪刑法定原则。

## 第四节 站在消极构成要件理论的延长线上

根据消极构成要件理论，故意是认识到客观犯罪事实（即三阶层中的构成要件故意）与无阻却违法事由，并且希望或者放任结果发生。如此理解故意概念，对于妥当处理违法性领域中争议行为的罪过形式有重要意义，下文首先以假想防卫过当为例展开讨论，进而将其基本原理适用于防卫第三人、防卫不适时以及防卫过当。

### 一、假想防卫过当的罪过形式

#### （一）学说概览

假想防卫过当，是行为人误认为存在不法侵害并进行防卫，针对其假想的侵害，其防卫行为逾越了必要限度的情形。日本刑法理论对假想防卫过当的罪过形式有三种观点：对于所发生的事实有认识而成立故意犯，在错误不可避免时免除责任的故意说；对于所发生的事实有过失的场合成立过失犯的过失说；对于过当事实有认识就不排除故意，否则即不排除故意的二分说。①

我国刑法理论对假想防卫过当罪过形式的研究较少，代表性观点有如下三种。观点一认为，假想防卫本来是过失犯罪或意外事件，但由于假想防卫过当的行为人希望或者放任过当结果的发生，就导致罪过形式转变为故意。② 观点二认为，防卫过当与正当防卫对应，假想防卫无所谓过当，理论上所称的假想防卫过当应当按照假想防卫的处理方式处断，或者成立过失犯罪或者无罪。③ 观点三认为，行为人对防卫限度与防卫起因均发生错误认识时，由于行为人将有害于社会的行为理解为有益于社会的行为，因此排除故意；行为人对防卫起因有错误认识，但行为人明知行为会造成不应有的损害而行为，应当认定有故意的心态。④

（二）本书观点

假想防卫过当是理论对事实的概括，假想防卫过当的罪过形式则离不开故意的概念。中外刑法理论对假想防卫过当罪过形式的争论，源自对假想防卫过当主观心理事实概括的不全面或故意概念的错误。例如，日本刑法理论中的故意说，之所以将假想防卫过当的罪过形式认定为故意，是因为作为该说理论基础的严格责任说对故意的定义，⑤ 正是由于严格责任说对故意的不当定义导致故意说得不到日本判例与主流理论的支持。相同的问题也发生在我国刑法理论的过失说中：该说遵从通说对假想防卫（过失说将假想防卫过当纳入假想防卫）罪过形式的解释。通说认为假想防卫排除故意，但正如本书第一部分所言，由于行为人价值判断的多样性，假想防卫的行为人可能误以为行为及结果有社会危害性，这就导致假想防卫成

---

① ［日］大谷实：《刑法讲义总论》，黎宏译，中国人民大学出版社 2008 年版，第 269—270 页。

② 孙立权、潘晓军、邢思利：《假想防卫过当辨析》，载《现代法学》1989 年第 3 期，第 24 页。

③ 吴亚娥：《对假想防卫的再认识——兼评“假想防卫过当”》，载《安康学院学报》2011 年第 5 期，第 27 页。

④ 刘明祥：《论假想防卫过当》，载《法学》1994 年第 10 期，第 22—23 页。

⑤ 黎宏：《论假想防卫过当》，载《中国法学》2014 年第 2 期，第 262 页。

立故意犯。显然，通说的理由与结论自相矛盾了，上述矛盾源于通说将行为与结果社会危害性的认识纳入故意概念中。再如，日本刑法理论的过失犯说，应当是没有注意到假想防卫过当的行为人可能具有对过当事实的认识，这就是假想防卫过当对应的主观心理事实概括不全面的体现。此外，作为通说的二分说，其结论虽为本书所接受，但该说也没有或者没有紧扣或者以不恰当的故意概念展开论证。例如，该说认为，“假想防卫过当的整体性质，取决于后面的过当行为发生时行为人的认识（即是否认识到行为超过了防卫的必要限度）”。① 这首先没有紧扣故意概念。其次，从上述论证可知，该说认为对行为过当性的认识即认识到行为超过了防卫的必要限度是故意的内容。然而，认识到行为超过了防卫的必要限度与认识到超过防卫限度的事实不同，前者是规范是否容许的问题（即不法意识的问题），后者是故意的问题。将前者作为故意要素与将社会危害性认识作为故意要素会面临同样的问题。换言之，必须区分对过当事实的认识与过当性的认识。

基于消极构成要件理论建构的故意概念，本书支持二分说，并做如下解释：成立故意，要求行为人认识到客观犯罪事实（即三阶层中的构成要件故意）与无阻却违法事由，并且希望或者放任行为的结果。这里的认识到客观犯罪事实，意味着行为人认识到自己的行为、结果、因果关系等犯罪要素，即行为人的主观认识内容被评价为“认识到客观犯罪事实”。同理，这里的认识无阻却违法事由，也就意味着行为人的认识内容不能被评价为有阻却违法事由，即行为人认识到的事实不是阻却违法的事实。在假想防卫情况下，行为人误信不法侵害正在发生，因此，其认识的内容可以被评价为阻却违法，假想防卫得以阻却故意。同理，在假想防卫过当情况下，如果行为人认识到的事实是超越防卫限度的事实，由于防卫过当的事实并非阻却违法事实，就可以被评价为无阻却违法事由的认识，加之行为人认识到客观犯罪事实并希望或放任结果发生，就可以将行为人的心理态度认定为故意。本章开篇案例中的行为人，其主观心态因此可以被评价为故意。如果行为人没有认识到超越防卫限度的事实，这时，就和假想防卫的主观心态相同，得以排除故意，即在行为人没有认识到超越防卫限度的

① 黎宏：《论假想防卫过当》，载《中国法学》2014 年第 2 期，第 265 页。

事实但有认识可能性时，因不注意而对不法结果没有认识就是过失心态，否则是意外事件。上述结论是以假想防卫过当可能的样态为基础，以故意概念为标准得出的。

## 二、规则延伸

上文根据消极构成要件理论的故意概念，形成了关于假想防卫过当的处理方案。可以进一步将上述概念适用于防卫过当、防卫第三人与防卫不适时罪过形式的认定。因防卫过当的罪过形式争议较大，以下主要以防卫过当为例展开分析。

我国刑法理论对于防卫过当的罪过形式有四种代表性观点：观点一认为可能是过失与间接故意；① 观点二认为只能是间接故意；② 观点三认为只能是过失；③ 观点四认为既可以是故意也可以是过失。④

将消极构成要件理论的故意概念应用于防卫过当，本书形成如下结论：如果行为人对过当事实有认识，但对行为是否过当有错误认识时，只有这种错误不可避免时，可以阻却责任，否则就是认识到犯罪事实与无阻却违法的事实，并希望或放任结果发生的故意；如果行为人对过当事实没有认识但有认识可能性，就是一种对行为造成的结果有不谨慎的态度，就是过失，如果没有认识可能性即为意外事件。认定行为人对防卫过当是否有故意的心态，关键不在于行为人希望或放任结果发生，因为正当防卫的行为人也可能希望或放任结果发生，毋宁说行为人认识到所有为不法奠定基础的事实，再去积极行为方才体现出故意犯所特有的敌对、漠视规范的态度。下面以消极构成要件理论的故意概念为基础，以表格形式展示对违法性领域内争议问题的罪过形式。

---

① 曾宪信、江任天、朱继良：《犯罪构成论》，武汉大学出版社 1998 年版，第 134 页以下。

② 王政勋：《正当行为论》，法律出版社 2000 年版，第 195 页。

③ 陈兴良：《正当防卫论》，中国人民大学出版社 2006 年版，第 177 页以下。

④ 张明楷：《刑法学》，法律出版社 2014 年版，第 203—204 页。

表 12

| | 故意 | 过失 |
|---|---|---|
| 防卫过当 | 对过当事实有认识 | 对过当事实有认识可能性 |
| 假想防卫过当 | 对与假想不法侵害对应的过当事实有认识 | 对与假想不法侵害对应的过当事实有认识可能性 |
| 防卫第三人 | 对防卫对象是不法侵害人之外的第三人有认识 | 对防卫对象是不法侵害人之外的第三人有认识可能性 |
| 防卫不适时 | 对不法侵害并非正在发生的事实有认识 | 对不法侵害并非正在发生的事实有认识可能性 |

综上，诸如假想防卫等容许构成要件错误问题，无论在我国刑法理论还是在德日刑法理论中，都亟待得到合理的解释。严格故意说存在处罚的随意性、处罚漏洞等一系列问题，故意说为弥补处罚漏洞所衍生的限制故意说又与故意本质相冲突。故意说最大的问题是将事实故意与不法意识这两种性质不同的要素统一于故意概念之下。在将故意与不法意识分离的责任说内部，最初的限制责任说、指明法律效果的责任说与消极构成要件理论都致力于妥当解决容许构成要件错误。在妥当解决容许构成要件错误是否阻却故意、“回旋飞碟”现象、恶意参加人的处罚边界以及整体不法构成要件理论面临的质疑等问题后，消极构成要件理论脱颖而出。消极构成要件理论所建构的故意概念有助于妥当解决防卫过当、假想防卫过当、防卫第三人、防卫不适时等的罪过问题，该概念也可以在我国《刑法》第十四条的规定中得到合理解释。

# 第五章　故意的意志因素概览

作为犯罪故意的两大板块之一，意志因素具有相当重要的理论地位。故而意志因素在认识因素之后成为本章讨论的中心问题。第一节将会对意志因素做出概括性梳理。第二节将会对我国刑法规定的故意的意志因素做出解读。第三节将会关注间接故意的认定问题。

## 第一节　意志因素的基础理论

意志是行为的意志，但凡关注行为主观面的社会科学部门都会研究意志。意志因素的跨学科性是刑法学推动自身理论进步的重要理论土壤。因此，笔者将从多学科视角下的意志因素入手，反思刑法学中意志因素的研究。

### 一、多学科视野下的意志因素

作为一种心理现象，对意志的刑法学研究不能不倚重心理学的既有成果，然而，这并不能否认刑法学对意志研究的相对独立性，毕竟刑法学有着独立的价值诉求。

在心理学上，“意志是有意识地支配、调节行动，通过克服困难，以实现预定目的的心理过程。意志通过行为表现出来，受意志支配的行为称为意志行为。……意志概念主要指心理或社会性动机需要的实施与满足过程。”① 可见，心理学意义上的意志具有内生性（内部需要生发）、外显性（行为彰显）、目的导向性（目标实现）、支配性（对行为的调配）。从意志过程的展开来看，意志来源于需要，实现于行为。《现代汉语词典》基本上沿用了上述心理学对意志的定义，认为意志是决定达到某种目的而产生的心理状态，往往通过语言、行动表现出来。哲学视角下的意志一般是指人们自觉确定、追求以及通过行为的调节控制实现目标追求的能力。②

## 二、中外刑法理论中故意的意志因素

受其他学科的影响，在中外刑法理论中，对意志因素的研究也呈现出多样化的态势。由于德日刑法中没有对故意的意志因素做出哪怕是如认识因素那样的反面、抽象的规定，这就导致故意（尤其是间接故意）意志因素绵延百余年的持久争论。

一方面，我国学者对犯罪意志因素的研究大体呈现两种模式：心理学模式、心理学与刑法规定相结合模式。前者的特征表现为单纯依赖心理学知识展开研究：“犯罪故意的意志就是行为人决定犯罪行为方向、方式、控制犯罪行为方式的心理过程。”③ 后者注重刑法规定与心理学之时的整合，并认为：“犯罪故意中的意志因素，是指犯罪人在明知自己的行为会发生危害社会的结果的基础上，决意实施这种行为的主观心理态度，包括希望或者放任。”④ 我国刑法理论的通说也是这种观点。通说根据《刑法》第十四条关于故意犯罪的规定，推导出犯罪故意的概念：行为人明知自己的行为会发生危害社会的结果，并且希望或者放任结果发生的一种主观心理态度。在肯定犯罪故意是认识因素与意志因素辩证统一的基础上，将“希望或者放任危害结果发生的一种主观心理态度”概括为犯罪故意的意志因素。⑤ 作为学理通行观点的后者具有极强的规范契合性，但是，也面

① 孟昭兰：《普通心理学》，北京大学出版社 1994 年版，第 364—365 页。

② 李兰英：《间接故意研究》，武汉大学出版社 2006 年版，第 59 页。

③ 姜伟：《罪过形式论》，北京大学出版社 2008 年版，第 123 页。

④ 陈兴良：《刑法适用总论》，法律出版社 1999 年版，第 151 页。

⑤ 高铭暄、马克昌：《刑法学》，北京大学出版社、高等教育出版社 2007 年版，第 116—118 页。

临着如下责难：结果发生并非行为目标的“放任”是否一种意志，毕竟放任同上述其他学科的既有成果并不一致。这也导致了我国学者关于间接故意是否具有意志因素的争论，与此相关的问题则是情感因素在故意中的地位。

另一方面，国外刑法理论对意志因素的研究也并非铁板一块。在大陆法系刑法理论中，一般将故意解读为对构成要件事实的认识以及实现构成要件事实的愿望，即实现构成要件的知与欲。① 在此，实现构成要件事实的愿望就是“欲”。与此同时，德国学者大多把这种故意成立在意愿方面的条件理解为意志。② 由此可见，作为故意要素的意欲、意志是用来表征一种与认知并列的（也是仅有的两项故意要素的）心理事实，二者实质上是一回事。③ 在此，唯一的疑问在于如何界定在此的意欲（意志）的含义。

## 第二节　作为故意意志因素的“希望”和“放任”

犯罪故意意志因素的实践脉动必须以对“希望”“放任”的解释为前提和基础。因此，本书单列一节重点研究此一问题。对于“希望”的解读，学界的争论不是十分激烈。与之相对，鉴于“放任”内涵的不确定性，笔者将会借鉴国内外的研究成果对其展开重点研究。

---

① 林东茂：《刑法综览》，中国人民大学出版社 2009 年版，第 74 页。

② ［德］克劳斯·罗克辛：《德国刑法学总论》，法律出版社 2005 年版，第 285 页。［德］约翰内斯·韦塞尔斯：《德国刑法总论》，李昌珂译，法律出版社 2008 年版，第 120 页。

③ 事实上，日本刑法理论与德国以及师承德国的我国台湾地区刑法理论还是有所差别的。无论是德国刑法学界，还是我国台湾地区刑法理论大体都认为：故意是实现构成要件事实之知（认识）与欲（意欲），这并不妨碍学界将容认说之下的间接故意解释为具有“意欲”。与之相对，日本刑法理论中持容认说的学者，恪守容认与意欲不同的观念，将意欲与希望等而视之。由此可见，德国刑法理论中的“意欲”与日本刑法理论中的“容认”加“意欲”（希望）是在相同意义下使用的，为行文方便，将其统一称为“意欲”要素未尝不可。参见林珏雄：《新刑法总论》，中国人民大学出版社 2009 年版，第 142 页。［德］汉斯·海因里希·耶塞克、托马斯·魏根特著：《德国刑法教科书》，徐久生译，中国法制出版社 2001 年版，第 354 页。［日］大塚仁：《刑法概说》，冯军译，中国人民大学出版社 2003 年版，第 209 页。

## 一、对“希望”的解读

刑法理论依据我国《刑法》第十四条对故意犯罪的规定将故意解释为认识因素与意志因素的辩证统一，其中，“希望”“放任”被认为是体现犯罪故意意志因素的核心术语。如何合理地解读上述核心术语就成为故意概念司法适用的关键点之一。

较之于“放任”所引发的巨大争论，“希望”貌似没有给刑法理论“添什么麻烦”。我国学者普遍认为，“希望”的内涵较为清晰。学界一般将“希望”做如下解读：“希望就是这样的一种主观心理态度，犯罪人对于危害结果抱着积极追求的态度。换言之，这个结果的发生就是犯罪人通过一系列犯罪活动所要达到的目的。”① 这一注解彰显出“希望”意志的目的导向性、坚定性等特征。上述表述基本成为对“希望”的通行注解。② 或许是对被“放任”的争论所掩盖，或许是“希望”力图与“孤芳自赏”，当我们拨开云雾之时才发现，事实远不像看起来那么简单。对“希望”的争论不仅涉及其性质，还关涉到立法用语的适当性。

有论者以心理学上的研究成果为依据得出了“希望”的心理特质是情感因素的结论。作为其论证依据的心理学成果是心理学者对希望的界定，其一，美国心理学家 Frank 认为，希望与信心和勇气等特质相似——希望是一种动态的心理状态，为个体对未来方向之正向评估或者美好的期待。其二，希望就是表达欲望与需求的一种情感、思想与期待。论者据此将“希望”理解为一种对未来的期待、欲望表达、情感因素。③ 本书对此表示审慎的怀疑：一方面，作为与信心和勇气相似特质的心理状态，这里的希望应当是一种名词意义上的状态，此外无论是正向评估还是美好的期待，无外乎是一种确定性的预见。然而，我国刑法规定的“希望”是针对结果而言的，而达到结果需要行为的作用力，因此，这里的希望是一种动词意义上的支配、控制。由此可见，将名词意义上的推动因素解读为动词意义

① 陈兴良：《刑法哲学》，中国政法大学出版社 2000 年版，第 165 页。

② 相似观点请参见高铭暄、马克昌：《刑法学》，北京大学出版社、高等教育出版社 2007 年版，第 118 页。张明楷：《刑法学》，法律出版社 2007 年版，第 220 页。

③ 李兰英：《间接故意研究》，武汉大学出版社 2006 年版，第 122—123 页。

上的支配因素是不合理的，至于情绪是意志动力的观点就连将“希望”解读为情感因素的论者也是承认的。① 另一方面，既然“希望”是表达欲望与需求的期待、情感、思想，那么，就面临着如下的问题：既然这种内在情感终究是通过意志选择与意志行为现实化了，那么，刑法是否还要根据每个行为人“希望”中情感成分、情感形成原因等要素对如何量刑做出规定？如果刑法非难行为人从需要出发的一种情感，那么，没有意志行为仅有情感体验时是否处罚？如果不单独处罚这种情感，在这种情感通过意志现实化的情况下处罚的也就不能是蕴含情感的所谓“情意”要素。考虑到刑法的相关规定，上述一系列问题恐怕都是持上述观点的论者很难合理回答的。因此，将“希望”解读为包含意志因素之外的成分是不合理的。

还有论者指出，“希望”与“追求”不同，前者是心里想着达到某种目的或者出现某种情况，后者是用积极行动达到目的；前者仅仅是心理活动，后者不仅是心理活动还是以积极的行为达到目的；前者是意志的初级阶段，后者是意志的高级阶段。后者比前者更适合作为对直接故意心理状态的描述。② 本书对这种观点同样不能赞同。第一，如果只是积极行为达到目的，就无法解释不作为的情形，因为不作为是存在论上的“无”被拟制为规范上的“有”。第二，“希望”作为一种意志因素，由意志态度和意志努力构成。“人的意志是指人脑能够作为使主观思想外化的工具，即人的肢体发出指令的心理过程或心理态度。”③ 意志努力就体现出外在行为的驱动力。因此，不能认为“希望”仅仅是一种没有对行为支配力的心理活动。第三，意志因素作为一种心理活动也不能包括外在行为，“希望”不包含外在行为是合理的。第四，希望体现出行为人努力控制行为以造成结果的心理态度，与之相对，“追求”更加关注外部行为，换言之，较之于“希望”的内外兼顾，“追求”偏重外在行为。因此，对于将“希望”解释为积极追求结果发生的观点是可以被支持的。行为人积极追求危害社会结果的发生，正体现出对其严厉处罚的合理根据。

“希望”——作为一种意志因素——在彰显行为人积极追求危害结果

① 李兰英：《间接故意研究》，武汉大学出版社 2006 年版，第 123 页。

② 侯国云、白岫云：《新刑法疑难问题解析与适用——兼论新刑法中的矛盾和缺陷》，中国检察出版社 1998 年版，第 82—83 页。

③ 李兰英：《间接故意研究》，武汉大学出版社 2006 年版，第 115 页。

发生的同时，也体现出自身的若干特点：目的性是“希望”意志的原因属性和最终归宿，行为人以积极追求结果发生的心态为起因，通过对客观事物属性的分析与判断，不断地调整行为方式、方法，设法创造条件，克服各种困难、障碍、阻力，最终都是为目的的达成服务的，这种目的性也就决定了在此意志支配下的行为不是盲目的行动；坚定性是“希望”意志精神层面的重要特点，人作为主体，任何对客体状态的改变都会面临一定的阻力，犯罪作为敌对社会最危险、最严重的形式，当然面临着更大的偶然因素和不确定障碍，“希望”结果发生的行为人在面临规范障碍这一心理的障碍之时，坚定的决定实施行为，对规范禁止或命令置若罔闻，这种对规范保护价值的对立态度正是处罚行为人的目的以及必要性所在，正如学者所说“和间接故意相比，在直接故意犯罪中，除了自动中止犯罪的情形外，行为人对促使危害结果的发生表现了顽强的意志力”。①

## 二、对“放任”的解读

“放任”作为决定间接故意终究是故意的关键因素，存在解释论上的难题。学界对“放任”的解读，或者是字面含义的关注，或者是与“不希望”的关系论证。本书认为，上述研讨具有十分重要的理论意义与价值，然而，既然“放任”是一种拟制的意志，实体上的标准就不是那么的重要了（当然，下文会对其探讨），重点是如何通过描述的方式最大限度地将这种拟制的意志明晰化，换言之，证明标准对实体标准的替代是不可避免的。本节主要对“放任”的实体标准予以探讨，下一节将重点探讨如何通过情况证据证明“放任”这一意志因素。

### （一）“放任”“不希望”与“希望不”

我国学者对“放任”的解读大同小异，例如，通说认为：“放任危害结果的发生，是指行为人虽然不希望、不是积极追求危害结果的发生，但也不反对和不设法阻止这种结果的发生，而是对结果的是否发生采取听之任之的心理态度。”② 另一种很有代表性的观点认为：“放任是对结果的一

① 马克昌：《犯罪通论》，武汉大学出版社 1995 年版，第 315 页。

② 高铭暄、马克昌：《刑法学》，北京大学出版社、高等教育出版社 2007 年版，第 118—119 页。

种听之任之的态度。即行为人为了追求其他目的而实施一定行为时，明知该行为可能发生某种结果，行为人既不是希望结果发生，又不是希望结果不发生，但仍然实施该行为，也不采取措施防止结果发生，而是容认结果发生，结果发生与否，都不与行为人的意志相冲突。”① 虽然上述观点阐述了“放任”“不希望”等语词在犯罪故意相关问题中的含义，但是，这并没有平息争论。晚近的研究中，学者将情感因素引入故意领域，也产生了一系列问题。显然，澄清“放任”的含义必须清理并厘清一些基础概念。

尽管“放任”有异于“希望”的观念因刑事立法并列规定而不存在纷争，但是，“放任”与“不希望”的关系仍具有一定疑问。观点一认为，放任就是不希望危害社会的结果发生，只是采取了听之任之的态度。② 观点二认为，放任既不是希望危害结果的发生，也不是不希望危害结果的发生，而是一种漠不关心的态度。③ 观点三认为，放任可以表现为明显的不希望危害结果的发生，也可以表现为无所谓希望、不希望而放任结果发生。④ 此外，有论者对上述观点予以归纳并且得出如下观点：希望结果不要发生的放任是一种客观存在的心理现象，放任仅是一种情感因素，间接故意欠缺意志因素（下文称观点四）。⑤

观点一的支持者，一方面认为，放任就是不希望危害社会的结果发生，另一方面却认为，行为人只是采取了听之任之的态度。在此，如果认为“希望”是积极追求结果发生的意志因素，“不希望”就是不积极追求结果发生的态度，这种意义上的不希望当然超越听之任之的范围。当然，将“不希望”解读为消极情感也能导致“放任”含义小于“不希望”范围的后果。因此，该观点的错误与情感因素误解无关。观点二的论者事实上犯了逻辑错误，“放任”不是不希望危害结果的发生，双重否定变肯定，就是希望危害结果的发生，在此，间接故意与直接故意就等同了。观点三中“希望”的含义就是一种情感因素，在论者那里，这种不喜欢的情感同听任是并存的。观点四的论者将“放任”视为情感因素，与之相对的“希

① 张明楷：《刑法学》，法律出版社 2007 年版，第 220 页。

② 高铭暄：《刑法学》，法律出版社 1982 年版，第 148 页。

③ 陈建国：《试论间接故意杀人罪的构成》，载《法学杂志》1981 年第 2 期。

④ 夏卫民：《间接故意浅析》，载《法学季刊》1982 年第 3 期，第 52 页。

⑤ 刘为波：《放任包括不希望的态度》，载《法学》1999 年第 11 期，第 44—45 页。

望”也是情感因素，“不希望”作为“放任”的含义之一就是可以理解的了。

可见，由于情感因素介入故意的研究，明确“放任”与“希望”“不希望”的关系，必须明确这里的“希望”“放任”是情感因素还是意志因素。如果把这里的“放任”解释为情感因素，为协调立法规定起见，“希望”也应该是情感因素，但正如上文所述，这并不合理。刑法规定“放任”的态度要处罚，是基于阻止法益侵害的决定，而不是在何种情感下实施行为。正如罗克辛教授所说：“故意行为构成的人物是阻止有意识地考虑法益的侵害，而不是考虑这种侵害在什么情感下进行。一个人是否对结果的发生感到遗憾，对于量刑是很重要的，但是，对于故意的特征来说并没有影响。”① 如果把这里的“放任”解释为意志因素，就面临着同“希望不”“不希望”的解释问题。本书认为，“希望不”是积极追求结果不发生、“不希望”是不去积极追求结果发生。“放任”既不同于“希望”，还不同于“不希望”，也不同于“希望不”。可见，上述各说，由于是在不同的意义上使用“希望”，故而得出了差异结论。“希望”和“不希望”在逻辑上呈现出 A 与非 A 的关联关系。“放任”既然不同于“希望”，就必然存在于“不希望”的含义之下，然而，由于“不希望”除了具有放任的含义外，还具有积极控制结果不发生的含义，这就导致了争论。事实上，厘清了“希望”的含义、“希望”与“不希望”的关系，上述问题就迎刃而解了。

（二）“放任”的实质

上文所引我国刑法理论对“放任”的代表性解读，其实质内容只有“不违背本意”“容认”以及“听之任之”三个意义。这是因为，一方面，在第一种表述中，论者是以“不是”“而是”为基本构造阐述“放任”的含义。“不是”“而是”是表示一种确定的择一关系。② 这种关系之下，“而是”确立了主语的详细内涵，“不是”只是对近似问题等情形的排除。

---

① ［德］克劳斯·罗克辛著：《德国刑法学总论（第一卷）》，王世洲译，法律出版社 2005 年版，第 296 页。

② 参见“不是而是”表示什么关系。http：//www. chinanews. com/hwjy/2011/06-07/3094738. shtml

具体到概念内容上，“听之任之”是“放任”的内容。“不是”所排除的仅仅是“不希望、不是积极追求危害结果的发生，不反对和不设法阻止这种结果的发生”这两种情形，然而，排除了这两种情形之后并非没有过失成立的可能性。例如，行为人一开始认识到行为发生结果的抽象危险，在稍一思考之后得出了结果不会发生的结论，结果最终发生。这就是“轻信”的内在含义，在此，行为人既不是不希望结果发生，也不是希望结果不发生，也没有阻止、反对等态度、行为，但却不能否认根据刑法规定认定为过失犯罪。原因则正如许玉秀教授所说，“两种过失（有认识过失、无认识过失——引者注）都无欲望的确定”。① 可见，无论是从逻辑关系，还是从客观事态上，前一种表述都是关注着“听之任之”。另一方面，第二种表述中，论者首先明确了“放任”就是“听之任之”，之后的解释中，如果根据上文对轻信过失的举例将“希望不”等内容排除，则其实质内容只是“容认结果发生”以及结果发生不违背本意。之所以将“希望不”“不希望”以及“以一定措施防止结果发生”排除出去，是因为这些情形的叠加并不能将轻信过失与间接故意完全区隔开来。其实质内容——正如“不是”“而是”所表现的那样，仍然是“容认”、不违背本意，而且，前述列举出的应当排除的内容都是从反面对“容认”的解释即无法超越“容认”的内容。

更为重要的是，二说均是以否定相关概念界定间接故意，并没有说明间接故意的实质内容。两种代表性观点在这一问题上出奇的一致正反映了间接故意意志因素的拟制性质。间接故意，由于并不存在附随结果的目标引导，也就不存在意欲因素在认识因素之前作用的问题，对于最终发生的结果，行为人的意志内容是存在论上的“无”。既然处罚“放任”行为发生结果的行为人，就面临着制裁理性的问题。制裁理性总是以一定对象才能辅助实现的，即在此必须明确制裁对象。正如上文所述，从规范责任论的立场，将“放任”拟制为一种规范上的实存是有必要的，换言之，字面的解释“放任”的含义并不能框定其合理的范围、界定其实质的内容。上述定义恰恰没有关注这种规范存在物如何定义的问题。事实上，情感因素

① 许玉秀：《主观与客观之间——主观理论与客观归责》，法律出版社 2008 年版，第 107 页。

支持者之所以提出将情感因素纳入故意的研究中来，与学理上未能将“放任”的规范论意义界定清晰不能不说没有一点关系。

尝试对“放任”的实体内容做出如下的推理：刑法作为一种行为规范，既要考虑规范的运作可能性，又要考虑制裁的理性。前者关乎行为人义务知晓能力与义务履行能力，是从人权保障立场对法益保护原则的限缩；后者要关注行为人对规范所保护价值的态度，是从维护法秩序的立场即法益保护的立场对人权保障原则做出的限制。间接故意的处罚正是基于保障人权与法益保护的双重立场对行为人有意违反刑法义务所做的规范回应。本来，在间接故意犯罪的情况下，行为人对于附随结果的发生并没有积极追求的意志态度，但是，行为人基于实现一定目的的考量（可能是合法目的也可能是非法目的），造成了一种风险：行为人认识到实现上述目的就可能或必然面临法益的侵害。这种风险关联着最终的结果，彰显为一种法益侵害的可能性。这种结果——作为法律所禁止的对象状态的改变——对行为人提出了不实施原有目的行为的要求。在此，无论是基于沁入心扉的法忠诚习惯，还是免受刑罚之苦的功利考量，行为人都面临着一种不实施行为的强烈助力，这就是反对动机。行为人在认识到上述风险之时就应当形成反对动机。然而，行为人的规范意念薄弱导致行为动机克服、压制了反对动机并最终完成行为、造成法益侵害。一旦行为人不顾法益所面临的风险做出行为决定，就是将法益置于随时可能受侵害的地位，就是对已经由初始目的产生的法益侵害风险的发展做出了不予管控的决定。在结果发生的前提下，从法益保护立场来看，行为人不遵守规范命令保护法益的决意就与积极地做出了法益侵害决意的情形毫无二致。换言之，制造法益侵害的风险并且未能在主观上抑制这种危险的想法的情形下，行为人认识到了既存的规范命令及规范义务，能够履行而不履行，就是对法益侵害做出了决定，进而，从规范的立场对其予以强烈的非难以修复被颠覆的法秩序是合理的。与意图遵守法秩序要求的行为人不同，此时的行为人是以主动违反法秩序命令的方式对既有生活秩序提出了挑战，法秩序必须对其做出相应程度的回应。一言以蔽之，“放任”的实体内容是：行为人从规范要求的反面出发，在行为产生法益侵害危险之时不去阻止结果的发生，做出了法益侵害的决定。

## 三、与“放任”相关的特殊问题

与“放任”相关，作为经常被提及而且引发争论的问题主要有两个：“放任”与犯罪目的、“放任”与犯罪未遂。这两个问题在我国刑法理论中的地位相当重要，前者关乎目的犯理论的基础理论，后者关联着犯罪未遂的基本理念。

### （一）“放任”与犯罪目的

事实上，刑法理论较为关注间接故意有无犯罪目的的问题，然而，基于否定说以对“放任”的解释为基础不承认间接故意犯罪具有犯罪目的，故而本书在与“放任”相关联的意义上讨论这一问题。

我国刑法理论一般认为，犯罪目的，是指犯罪人希望通过实施犯罪行为达到某种危害社会结果的心理态度。犯罪目的主要体现为直接故意的意志因素与分则另行规定的犯罪目的（如走私淫秽物品罪中的牟利或者传播的目的）。① 否定间接故意存在犯罪目的的观点是从放任的心理实质上展开论述的，其理由如下：犯罪目的必然要具有明确的指向即确定的目标，必然要有为了实现这一既定目标的积极追求的行为，间接故意的意志因素是放任危害结果的发生，这就意味着行为人不具有犯罪目的所需求的行为的鲜明目标性，其放任结果是犯罪人其他犯罪行为或者非犯罪行为的派生结果。② 与之相对，新近的有力观点认为，一方面，刑法规定的故意犯罪包括直接故意犯罪与间接故意犯罪，只要刑法分则规定的犯罪是故意犯罪，就可以既由直接故意构成，也由间接故意构成。目的犯在刑法分则中属于故意犯罪，当然可以由间接故意构成。另一方面，就心理事实而言，当行为人放任的结果与行为人追求的目的不具有同一性时，完全可能并不矛盾地并存于行为人的主观心理中。③

上述肯定说与否定说的争论事实上是混淆了作为主观心态的间接故意

---

① 高铭暄、马克昌：《刑法学》，北京大学出版社、高等教育出版社 2007 年版，第 131 页。

② 杨芳：《犯罪故意研究》，中国人民公安大学出版社 2006 年版，第 513 页。马克昌：《犯罪通论》，武汉大学出版社 2003 年版，第 388 页。高铭暄、马克昌：《刑法学》，北京大学出版社、高等教育出版社 2007 年版，第 132—133 页。

③ 张明楷：《刑法学》，法律出版社 2007 年版，第 248 页。

与作为犯罪形态的间接故意犯罪。例如，否定说一方面认为放任的心理不具有犯罪目的目标的鲜明性，另一方面以此为据认为间接故意犯罪不存在犯罪目的。[①] 肯定说也存在相似的问题。[②] 应当区别作为主观心态的间接故意与作为犯罪形态的间接故意犯罪。间接故意——作为一种心理态度——不存在犯罪目的，这是由放任的心理实质决定的；间接故意犯罪——作为一种犯罪形态——存在犯罪目的，这是由刑法规定以及心理内容的多样性共同决定的。具体理由如下：

一方面，作为主观心理态度的间接故意是一种拟制的故意，行为人对结果发生的“放任”心理本身就来源于基于规范责任论的拟制。因此，在存在论上并不存在对应的意志因素。这就决定了与“放任”心理相对应的结果并非行为人的行为目的，即并非因该结果的发生促使行为人产生行为动机。附随着的心理态度并不能将主行为目的转置于从属意志之上。正如否定说所认为的那样，“放任”心理对多种结果的可接受性正是对与之相对的目的存在的否定。因此，作为主观心态的间接故意不存在与之对应的犯罪目的。

另一方面，间接故意犯罪是行为人在间接故意心理态度支配下实施的法益侵害行为。因此，即使从拟制的角度观察，行为人的“放任”意志也是指向最终的法益侵害的。与之相对，犯罪目的是行为人通过实施犯罪行为所欲达到的目的。行为人完全可以通过法益侵害的实现达到某种与法益侵害不同的目的。目的犯的立法是立法者基于一定目的对特定事实的裁剪，间接故意作为一种被处罚的心理态度也是立法基于特定考量而对特定对象事实的裁剪。前者是立足于限制刑事可罚范围的考虑，后者是主观责任原则的产物。可见，基于不同目的而创设的刑法范畴本身就不存在冲突，当然也不存在融合，于是，并存就是理所当然的了。从事例上看，行为人放任结果发生的心理态度与特定目的的存在是可以并存的：甲是走私普通货物物品的行为人，乙是经常走私但走私物品并不特定的行为人。一天，乙告诉甲让其帮忙带些光盘入境，并且言明无论成功与否都会给与不

---

① 高铭暄、马克昌：《刑法学》，北京大学出版社、高等教育出版社 2007 年版，第 132—133 页。

② 张明楷：《刑法学》，法律出版社 2007 年版，第 248 页。

非的酬金，甲在认识到光盘可能是淫秽光盘的情形下仍然欣然应允。在本例中，甲显然是放任可能是淫秽物品的光盘入境，甲并没有积极追求光盘入境目的实现的愿望（入境与否，都会取财），与此同时，甲同样存在着通过帮人走私而牟利的目的。可见，间接故意与犯罪目的作为不同的心理态度是可以并存的。但应当注意的是，这时的间接故意并无目的可言，只是因刑法基于可罚性考量所规定的犯罪目的的存在使得间接故意犯罪被“镀”上了具有犯罪目的的金。

### （二）“放任”与犯罪未遂形态

“放任”心理下的间接故意犯罪是否存在犯罪未遂是另一个无法回避的问题。学说和实务上对此的争论较为激烈，下面以理论与实务的双重视角介绍相关观点。

在意大利，司法实践中占统治地位的观点认为，所有的故意犯罪包括间接故意犯罪都存在未遂形态；与之相对，刑法理论界的观点则批判道，只有与行为人意图实施的犯罪相比较，才能得出行为是否有明确指向的结论，只有行为人所希望发生的犯罪结果，才能作为确定行为指向的参照物。因此，间接故意犯罪无未遂形态。① 在德国，实务上肯定了间接故意存在未遂形态。② 与之相对，理论上却未能得出只有直接故意才有未遂形态的结论。英国刑法理论对间接故意有无未遂形态存在争论，然而，司法判决通过 Mohan 案确立了间接故意存在未遂形态的立场。③ 在美国，虽然普通法对间接故意犯罪是否存在未遂的立场仍不明确，但是，模范刑法典已经对此可能性表示了支持。④ 在我国台湾地区，司法实务与学理都对间接故意犯罪存在未遂形态持支持态度。⑤ 在我国大陆，刑法理论的通说认为，间接故意犯罪并不存在未遂心态，其理论基础正是“放任”意志内容

---

① ［意］杜里奥·帕多瓦尼：《意大利刑法学原理（注评版）》，陈忠林译评，中国人民大学出版社 2004 年版，第 270—271 页。

② 李兰英：《间接故意研究》，武汉大学出版社 2006 年版，第 213 页。

③ ［英］J. C. 史密斯、B. 霍根：《英国刑法》，李贵方等译，法律出版社 2001 年版，第 343—344 页。

④ ［美］约书亚·德雷斯勒：《美国刑法精解》，王秀梅等译，北京大学出版社 2009 年版，第 377—378 页。

⑤ 韩忠谟：《刑法原理》，中国政法大学出版社 2002 年版，第 147 页。林珏雄：《新刑法总则》，中国人民大学出版社 2009 年版，第 281 页。

的多种可能性。[①] 与之相对，有力说中的代表性观点，从可罚性（放任结果发生却没发生，但具有可罚性）、间接故意与直接故意没有质的区别、共犯未遂没理由只处罚直接故意的共犯以及间接故意未遂可罚性问题是证据问题不是实体问题等四个方面对通说提出质疑。[②] 与理论的争议相似，司法实务上对间接故意犯罪有无未遂形态也存在争论，这突出表现在间接故意杀人未遂与直接故意伤害交织的案件中。[③]

本书认为，间接故意犯罪没有犯罪未遂形态本身就是一个伪命题。否定说一方面认为间接故意“放任”心态决定了对最终未能发生结果的事实也不违背行为人的意思；另一方面认为，犯罪未遂的核心要件之一就在于犯罪完成，并且将犯罪未完成解释为具体犯罪构成要件的完备与否，其显著标志是看刑法分则具体犯罪构成所要求的犯罪客观要件的完备与否。[④] 既然分则规定的构成要件是以既遂为模式，既然犯罪未遂的处罚是因为符合修正的构成要件，那么，间接故意犯罪的未遂只要符合了修正的构成要件就应当处罚。[⑤]

---

① 高铭暄、马克昌：《刑法学》，北京大学出版社、高等教育出版社 2019 年版，第 147 页。

② 张明楷：《刑法学》，法律出版社 2007 年版，第 278 页。

③ 杨芳：《犯罪故意研究》，中国人民公安大学出版社 2006 年版，第 455—456 页。

④ 高铭暄、马克昌：《刑法学》，北京大学出版社、高等教育出版社 2007 年版，第 168 页。

⑤ 我国刑法理论对于间接故意犯罪不具有未遂形态的论证基本是沿用如下思路：“放任”是对结果发生听之任之的心理态度，结果发生与否都不违背行为人的意思，因此，结果没有发生也能为行为人的意志所包含，如此而言，客观上结果未发生的事实与主观上结果不发生也不是不可以的心理态度相结合，自然是对应着非罪的事实，即主客观面相统一但并非对应着构成要件。可见，否定间接故意犯罪有未遂是根源于“放任”心态导致无法构成要件符合。那么，如果行为的主观面与客观面能够在构成要件的范围内实现对应，就发生了构成要件的符合，就可以认定为犯罪。未遂犯的处罚起点影响着主客观对应与构成要件的范围。未遂犯的构成要件——作为修正的构成要件——是将主观心理事实予以裁剪之后完成的与行为客观面的对应。因此，行为的客观面在何种程度上被处罚，自然就影响到行为主观面如何被对应。如果未遂犯的处罚起点是结果发生的抽象危险，那么，行为主观面和客观面在构成要件上的对应起点就低；如果未遂犯处罚起点是结果发生的具体危险，对应原理起作用的时点就晚。综上可知，间接故意犯罪有无未遂形态的问题不仅关联着间接故意的心理特质，而且关联着未遂犯的处罚起点。未遂犯的处罚起点的不同，决定着“放任”心态下主客观内容在构成要件对应时点的差异。“放任”的心理只不过为间接故意犯罪的客观构造打造了一个具有多种可能性的基础，行为的客观面被限制的时点才是间接故意犯罪未遂的可罚时点。

否定说的逻辑事实上是，首先设定间接故意意志因素对应的是分则规定的既遂意义上的结果，然后说明这种心理态度包含着不发生结果也接受的成分，进而认为间接故意犯罪无未遂形态。这明显是在偷换概念：一方面认为间接故意犯罪未完成的行为人对既遂构成要件的结果不存在意欲，另一方面认为间接故意犯罪不存在修正的构成要件，并且将前者作为后者的原因，这显然不合适，如果按照上述逻辑推理下去，恐怕对实害结果没有意欲的危险犯的处罚都会成疑，即不能以危险犯对实害结果的无意欲否定危险犯有自身的构成要件。既然间接故意犯罪存在基本的构成要件，就应该肯定其存在修正的构成要件，毕竟修正的构成要件是因处罚范围的扩张而对基本构成要件的变动。事实上，既遂结果的不发生只能说明行为人对既遂结果不能实现主观内容与客观内容在构成要件上的统一，但并不能否认对符合修正的构成要件的未遂犯的处罚。未遂犯的处罚起点就是法益侵害的危险，危险是修正的构成要件要素，行为人主观上“放任”结果必然包含对“危险”的放任，一旦出现客观的危险（未遂的处罚起点），就能够因主观客观在修正的构成要件上对应而处罚。

## 第三节　间接故意的学理认定[①]

较之于对间接故意意志与认识因素的界定，如何认定间接故意才是更有实质意义的事情；如果说“放任”“容认”“听之任之”“不违背本意”都是表现了行为人对结果的实现意志，那么，如何证明这些内容的存在才是真正的问题点。换言之，无论是“听之任之”还是“做出法益侵害的决定”，其作为实体的内容必须具有一个标准证明也才具有意义。“放

① 之所以将本节的题目拟定为“间接故意的学理认定”是因为本书的目的在于最大限度地清晰化、体系化间接故意情况证据的构架，至于司法实务中对证据的采信以及证明力的排序，则不属于本节的任务。此外，按照我国刑法理论对“放任”的解释方式，从否定是其他罪过形式的立场出发对“放任”的标准做出界定也不是不可能的（如上文所述，这需要补充要素），但是，与其从反面论证不存在这个、不存在那个，不如从正面界定其标准，只有这样，情感要素必要论的观点才会因意志因素本身的充盈而不攻自破。此外，正面界定“放任”的标准，也能凸显情感因素在意志证明中的作用。否则，后者难免会“得陇望蜀”。

任”——作为间接故意的意志因素——是流动的、多变的、不稳定的，这就决定了间接故意认定的巨大难度。“间接故意与有认识过失的分界问题是刑法上最困难最具争议的问题之一，这个问题难在意欲是一种原始的、终极的心理现象，它无法从其他感性或知性的心理流程中探索出来，因而只能描述它，无法定义它。”① 事实上，中外刑法理论都对间接故意做出准确描述的努力与尝试可谓是前赴后继、心向往之。你未唱罢我登场的理论实景正是此一问题复杂性及吸引力的体现。在本节中，笔者将尝试借着中外刑法理论中对间接故意做出研讨的诸多学说之指引，力求对这一问题的最终解决“出一把力”。需要说明的是，由于认定间接故意就是将间接故意从有认识的过失中分离出来，因此，认定间接故意的理论是以区别间接故意与轻信过失标准的面貌呈现出来的。“间接故意与有认识的过失相同之处在于，行为人都已经估算到，其行为有可能招致构成要件结果的发生，所以，两者区别界限仅在于故意的意欲要素。”② 可见，探讨间接故意的认定标准就是探讨其意志因素的认定标准。

## 一、大陆法系刑法理论对认定间接故意做出的努力

德国刑法学界在过去一百年间对意欲要素是否故意要素展开了长期的争论。意欲要素必要论者为应对意欲要素不要论者的冲击，提出了认定间接故意的诸多标准；与之相对，正如上文所说，意欲要素不要论者对间接故意的认定却最终无法避免意欲要素的纠缠。在日本刑法理论中，容认说的统治地位受到动机说的一再冲击，这背后实质上是容认说对间接故意认定的无力与动机说着力与间接故意的认定的视角差异。

### （一）德国刑法理论中的代表性观点

#### 1. 争论发端——19 世纪的认识论、意欲论

现代版的意欲要素不要说与必要说都有其本源形式：认识说与意欲说。19 世纪的认识论与意欲论事实上点燃了间接故意认定问题的战火。

一方面，认识论的代表者 Frank，提出的间接故意的基本公式分为两

① 许玉秀：《主观与客观之间——主观理论与客观归责》，法律出版社 2008 年版，第 43 页。

② 林珏雄：《新刑法总则》，中国人民大学出版社 2009 年版，第 147 页。

个部分，公式一是："行为人对构成犯罪事实有一定的认识时，仍为行为，则为故意，若有一定的认识时则不行为，即非故意。"公式二是："如果可能这样也可能那样，但无论如何都要实施行为，即为故意。"经过第一公式的检验，得出第二公式的结论，则为故意。①

第一公式给出的判断标准是，"认识犯罪事实+行为决定=故意"。第二公式给出了对于第一公式中犯罪事实认识的具体标准，即认识到可能性即可，不在乎可能性程度。在此，公式就变成了"认识犯罪事实发生的可能性+行为决定=故意"。然而，"无论如何"的表述说明了行为人对危险的现实化不管不顾的态度，也表明了一旦有结果行为人也接受。换言之，一旦加上"无论如何"就表明行为人在对结果发生可能性认识的情况下，继续实行行为时，对现实上最终出现的结果至少不反对。即使情感上很难接受，意志上也不去阻止行为危险的现实化。可见，认识说事实上是通过"认识到结果发生的可能性+无论如何都要行为"来认定间接故意的，其中，无论如何都要行为的决定表明了行为人对法益的取舍态度。因此，可以说，认识说实质上是一种意欲要素客观证明标准理论。

另一方面，意欲论的代表者 v. Hippel，给出的判断公式是，行为人认识到结果发生可能性时，宁愿结果发生也不愿放弃行为，即使结果是其不在乎或者不希望的。故意非难基础是自私，过失则是轻率。② 上述标准和认识论的标准基本一致："认识到可能性+行为决定=故意"。与认识论不同的是，意欲论认为行为人对结果的意欲才是故意的关键。这种意欲表现为虽然"不情愿"结果发生，但基于其他目的实现的强烈动机而行为。换言之，这里强调情感的副作用并没有阻碍意志的努力。

综上，无论是认识说还是意欲说，都是在认识到"可能性+行为决定=故意"的基本公式之下附加一个条件，即最终还是选择接受，终究是故意作为间接故意表述的实质原因也正是在此处被体现出来。认识论与意欲论的实质都是考察行为人的心理过程：认识到结果发生的可能性——出现也接受（分别通过无论如何都行为、宁愿结果发生也不放弃行为体现出

---

① 许玉秀：《主观与客观之间——主观理论与客观归责》，法律出版社 2008 年版，第 57 页。

② 许玉秀：《主观与客观之间——主观理论与客观归责》，法律出版社 2008 年版，第 58 页。

来）。事实上，如果不对认识做出进一步限制，行为决定对于意欲的征表意义为零，因为这里存在一个“无论如何”（宁愿结果发生与其实质相同）。换言之，认识说与意欲说都没有放弃意欲要素，二者都是以一定的方式对意欲要素做出证明。

2. 争论延续——意欲要素必要说对意欲要素不要说的反击

作为通说的容认说是以认识结果发生可能性并且容认结果的发生为基本要件的。[①] 然而，正如该说所面临的批评那样，“容认”的证明标准才是最为重要的。因此，晚近的意欲要素必要说虽纷繁复杂，但实质上均着力于提供间接故意的认定标准。但一切的根源都是意欲要素不要说对“容认说”的责难。

第一，容认说的变体。

耶塞克认为，就结果发生的可能性而言，严肃态度是不可或缺的要素，必须真的认为结果有发生的可能，且予以容忍，方才是间接故意。在其教科书中，他将认真对待危险解释为“行为人对构成要件实现的风险的估价相当高”。[②]

事实上，严肃认真的认为是指行为导致结果发生的确定性程度高（危险程度高），但却不一定具有明确性。以确定性程度提升间接故意的门槛是否具有合理性是一个疑问？认真的认为行为可能发生结果才是真正的意欲要素的客观说，此时，认真的认识与行为决定彰显出容认的特质。此外，耶塞克教科书中也有不相一致之处：他认为“放任”比“容忍”更好地诠释了间接故意的内涵，因为前者说明行为人恰恰没有把握，[③] 然而，这与其强调危险认识的严肃认真性相冲突，毕竟所谓把握也是有程度差别的。虽然该说在事实上不当地缩小了间接故意的范围，但是，其从严肃认真的认识入手的思路对于界定间接故意的标准具有启发意义。

第二，漠然说。

恩吉施（Engisch）提出了漠然说，其基本思想如下：行为人对可能发

① 林珏雄：《新刑法总则》，中国人民大学出版社 2009 年版，第 147 页。

② 许玉秀：《主观与客观之间——主观理论与客观归责》，法律出版社 2008 年版，第 62 页。

③ ［德］汉斯·海因里希·耶塞克、托马斯·魏根特：《德国刑法教科书》，徐久生译，中国法制出版社 2001 年版，第 362 页。

生的不良附随结果表示欢迎或不在乎地予以容忍，为间接故意；若行为人对附随结果不表示期待或希望不发生，则非间接故意。同时，论者认为，行为人如果认为结果发生具有高度的盖然性，其法律意义上，即表示确定会发生，则不管行为人是否“认可”结果发生，仍属有故意。①

在此，需要明确的是，“欢迎”“不在乎”等表述应当是一种情感的表达。那么，是否可以认为恩吉施在此是力图通过“认知+情感”因素的描述来彰显行为人的意志因素呢？从“不表期待”来看，似乎不能否定这种可能。此外，从行为人认识结果发生具有高度盖然性即表示存在“确定会发生”的判断，也可以说明根据认识推定意志因素的意思。进而，是否能够认为作为判断标准的“希望”是情感因素呢？笔者认为不可，如果认为这里的“希望”是情感因素，那么，“希望不发生”与容认结果的发生就可能并存，否定行为人对附随结果的发生存在间接故意就是不合理的。那么，将这里的“希望”解释为意志因素是否可行呢？如果将“希望”解释为情感因素，“希望不”与“不希望”都是对结果的情感流露，二者含义相同，也都仅仅是彰显意志因素的辅助因素；如果将这里的“希望”理解为意志因素，就能够区分出“不希望”与“希望不”的差别，前者是不积极追求结果，换言之，行为人仍然可能放任结果的发生；后者是行为人积极追求结果不发生，如果结果发生了，这就只能是有认识的过失了。如此解释，恩吉施给出的判断标准才具有合理性。果如此，恩吉施提出的判断标准就是混合了多种判断方法的综合标准：“认识+情感”“识+意志”“认识盖然性+行为”。除了“认识+意志”之外，其他两种方式中的情感与认识程度限制加行为都是证明意志存在的辅助方式。

第三，盖然性说。

盖然性说是迈耶（H. Mayer）所倡，该说以有意识的意志为故意，并认为，行为人对构成要件实现的可能性有认识，且认为有实现的盖然性即为有意识的意志所支配，这里的盖然性是高于可能性、低于高度的盖然性。②

该说也是经由认识因素推断意志因素，只不过这里的认识因素是通过

① 许玉秀：《主观与客观之间——主观理论与客观归责》，法律出版社2008年版，第64页。

② 许玉秀：《主观与客观之间——主观理论与客观归责》，法律出版社2008年版，第65页。

认识程度窥测判断的程度，进而以判断程度推断结果发生的意志。然而，盖然性的程度尽管影响到对意志因素的推测，但却不明确，如果适用这一标准，则存在解释必要性。换言之，盖然性程度的不确定性不仅是支持该说的证据，也可能是反对该说的论据。

第四，表现防果意思说。

阿敏·考夫曼（Am. Kaufmann）的表现防果意思说从目的行为论的立场推导出间接故意与过失的界限标准：行为人将他的实现特定目标的行为同时操纵在防止不希望的附随结果上面，则阻却故意，亦即如果行为人认识附随结果发生的可能性，除非他的实行行为是为了防止该结果发生，否则即有故意。决定行为人的意思是防止结果发生的标准是行为人是否置入防止结果发生的因素。①

表现防果意思说与上述学说最大的区别在于：不是从间接故意的立场出发寻求问题解决的路径，而是从轻信过失的角度出发反面界定二者的关系。轻信过失具备避免结果发生的意思，这种避免意思，在考夫曼的理论中就是通过避免行为体现出来。论者对间接故意与轻信过失之间互补（排斥）关系的梳理是正确的，然而，在此，其忽略了一个问题：避免结果发生的意思作为一种心理态度并不必然被防果行为表现出来。避免结果发生的意思可以是确信结果不发生而行为，换言之，避免结果发生可以是行为控制（行为本身具有导致结果发生的危险性，要采取防果行为并因此确信结果不发生），也可以是单纯的判断（单纯确信结果不发生）。没有防果行为不一定是故意。那么，有防果行为是否就无故意？反对观点认为，“行为人虽有防果行为，但同时认为结果仍然可能发生的情形是常见的，是否仅因形式上表现为防果意思，即应认为排除故意，是有问题的，例如一边朝窗外丢笨重物品，一边喊小心”。② 事实上，反对者所举例子中，所谓“防果意思”并非防果意思，而仅仅可谓是“防果情感”，即这种一边丢东西，一边喊小心的方式并不能作为防果行为，其心理上影响“喊小心”行为的是一种情感，这种情感对“丢东西”及其结果的关联意志不产生影

① 许玉秀：《主观与客观之间——主观理论与客观归责》，法律出版社 2008 年版，第 66—67 页。

② 许玉秀：《主观与客观之间——主观理论与客观归责》，法律出版社 2008 年版，第 67 页。

响。这一事实再一次说明了，情感因素纳入故意研究会徒增烦恼。同时，也就可以认为，有防果行为就存在防果意思，即有防果行为就表明行为人意图避免结果的发生。以此项标准认定过失之时，必须注意行为人的能力：行为人能力是连接防果意思与防果行为的桥梁，行为人不具备一般人的认识、控制能力的事实往往导致防果行为低于一般人对危险防控的期待，但这并不能否认行为人具有防果意思，行为是否是防果意义上的行为必须考虑行为人的能力，即防果行为是行为人认为的可以防止结果发生的行为。否则，刑法就是不考虑行为人能力而是顾及整齐划一标准的自动售货机。另外，差异环境下的一般人标准与具体行为人生活领域交叉（偶然踏入某一领域的行为人面临巨大的风险，不同领域的一般人标准不同）带来的巨大鸿沟将会使得人人自危，行为萎缩。事实上，上述反对意见对防果行为的批判恰恰是没有关注行为人的能力，而以一般人的能力为标准设定防果行为的标准。综上所述，对于间接故意的认定，考夫曼的表现防果意思说提出了如下合理的标准：有防果行为就无故意，无防果行为不一定无故意。

第五，认真说。

认真说有不同的表现，下面分述之。

一方面，施特拉腾维特（Atratenwerth）提出的认真说认为，只有在认识结果发生可能性之下仍然严肃地认为结果可能发生并且据以为行为，才能说明行为决定中已经包含了对结果的预料。①

认真说只是以严肃认知替代认可来证明意志因素。与耶塞克相比，施特拉腾维特的观点是以客观的行为来征表“放任”结果的发生。事实上，认识的认真性、严肃性与结果发生的可能性程度并不直接关联：认真的认为结果可能发生只是说明行为人对结果发生进行了理性的、合适自身能力的判断，这里有两个问题，一是对结果发生的认真判断并不能提高结果发生的概率，其可能产生的影响有两个：提高行为人主观上对结果发生危险性的预见程度（作为判断结果）、表明行为人认真思考了结果发生的可能性但不提高行为人对危险程度的认知（作为判断过程）；二是对结果发生

---

① 许玉秀：《主观与客观之间——主观理论与客观归责》，法律出版社 2008 年版，第 68 页。

可能性的判断是对行为及其相关因素（对象、手段）等的判断，并不考虑防果意思及防果行为。一言以蔽之，行为人严肃、认真的认为结果可能发生对“放任”的征表意义有限。此外，施特拉腾维特以“严肃地认为结果可能发生”与“并不真的认为结果会发生”表征间接故意与轻信过失的意志因素，行为人在认识结果发生可能性时，根本不去评价结果发生的可能性又如何呢？

另一方面，雅科布斯（Jakobs）教授所提倡的认真说认为，在行为时，行为人认真的断定结果不是没有发生的盖然性即成立间接故意。欠缺认真的断定，一定不是间接故意。盖然性的最低限度依照风险重要性而定，风险的重要性取决于法益的重要性和风险的密度。法益的重要性需要根据法律上客观的评估而定，如果行为人因为不在乎而低估法益的价值，仍无法排除故意。习于风险的行为不是行为人必须负责的行为不需要规范化。①

虽然都是以认知推定意欲，但是，认真的断定结果发生不是没有盖然性，而且比最初的认识说以及上述认真说都要严格。认真的认定盖然性确实可以确证间接故意，但是否存在限定范围的问题呢？欠缺认真的断定，一定不是间接故意是否过于绝对？事实上，论者之后关于“如果行为人因为不在乎而低估法益的价值，仍无法排除故意”的论述正是否定了前述论断，这是因为，“如果行为人因为不在乎而低估法益的价值”正说明行为人没有认真地断定结果发生的盖然性。因此，其背后逻辑是：行为人认识的程度并不重要，关键在于行为人对法益的态度，上述表述中的“不在乎”就是力图对行为人不在乎态度与认识征表关系缝隙之间的弥合，即认真认识对意欲要素的表征面临不在乎意志态度下的处罚漏洞。当行为人“不在乎而低估了法益重要性”的时候，客观的法益重要性与风险密度阻止了将其认定为过失。对“不在乎”做出“客观的法益重要性与风险密度”的限制，是否合理呢？

第六，决定说。

罗克辛（Roxin）所提倡的决定说的基本观点是：如果行为人真的估算构成要件有实现的可能却无论如何都要实施行为，就是做成了可能侵害

① 许玉秀：《主观与客观之间——主观理论与客观归责》，法律出版社 2008 年版，第 69—71 页。

法益的决定。他认为，只能以行为人是否作成有侵害法益之可能的决定，作为判断行为人是否容认或接受结果的依据。此外，他强调相信结果不会发生同希望结果不会发生并不相同。前者是高估自己左右事况的能力因此并没有认真估算结果的实现可能性，故欠缺故意；后者是认真估算结果发生的可能性并且没有相信结果不会发生，却希望走运而结果不发生即单纯希望结果不发生并不排除故意。①

该说有三个疑问点：问题一，行为人如果不去严肃、认真地估算结果发生的可能性并且行为是否可以是作成可能侵害法益的决定；问题二，这里的“认真估算”，如上所述，如果不具有提高认知危险程度的意义，对于表征行为人对结果发生的意欲的意义实属有限。这是因为，即便真的认为结果可能发生，但认知危险的程度并不高，彰显意欲内容的还是“无论如何都要行为”这一点。当然，这种对认识的限制可能源自对艾滋病案件处理结论的异议。问题三，为与上文关于情感因素、意志因素关系的论断相协调，必须解释这里的“希望不会发生”的含义。与“希望不发生”不同，“希望不会发生”是一种情感的流露，单纯地以情感流露不能阻却故意的事实正说明情感因素不应作为故意要素，更为重要的是，就是作为认定意志因素的辅助工具，情感因素也只能造成混乱。“希望不发生”是将意志内容与行为紧密地连接在一起，“希望不会发生”则不关乎行为性质，只是对偶然因素的期待，前者是主动控制结果不发生，后者仅仅是一种不控制结果发生流程之下的期待。

第七，具体的危险说。

奥托（Otto）提出的具体危险说认为，认识和意欲要素的共同客体客观构成要件，是造成提高法益受侵害的具体危险。当行为人认识到具体危险，即表示其看见了在现象流程中法益确定会遭受侵害，除非有其他以外现象发生，这时候有意识地实现风险，即不能视为过失或轻率，反之，若行为人预见的是抽象危险，则有理由相信行为人相信这种可能性不致发生，即使行为人行为具有危险性，但不能视为有意识侵害法益，只能认为

---

① 许玉秀：《主观与客观之间——主观理论与客观归责》，法律出版社 2008 年版，第 69—71 页。

是过失。所谓具体危险，即对行为人而言是不能控制的危险。①

该说的问题是：其一，无论什么程度的危险，行为人对在现象流程中法益确定会遭到侵害是没问题的，因为，行为人是根据行为性质做出的判断，行为一旦进入特定流程，在事前的角度，都会确定结果会以性质展开的方式予以实现。其二，具体危险既然是行为人不能控制的危险，就不能为结果的发生负责。行为人对危险现实化之所以负有责任，或者是因为危险的前行为，或者是独立导致结果发生的行为。其三，行为预见到的抽象危险按照论者对具体危险的定义，应当是能够控制的危险，这就奠定了过失非难的基础。这也能反映出行为人的防果意思，但却不一定有独立于主行为的防果行为。这也正说明了反面证明间接故意即通过轻信过失的认定间接故意在证据方面的难度：客观的情况证据要么是不可分，要么是不清晰。

第八，综合说。

综合说的代表者是许洛德（Schroeder），他认为迄今为止的各种判断间接故意的标准是相互依存的。进而，许洛德作成了他的综合公式：当行为人认为构成要件有实现可能而认可其实现，认为有实现的盖然性或者对于构成要件的实现完全不在乎，即有故意。此外，用综合说的方式界定间接故意得到了许廼曼（Schünemann）的支持。②

上述综合说是一种混杂了漠然说、盖然性说、容认说的学说。其提出的三项标准，也是性质有别：“行为人认识到客观要件实现可能并认可其实现”的标准是容认说的招牌构造——“认识+认可”“认为构成要件实现有盖然性”是以高度的盖然性作为推断并免除意志因素证明义务的“认识内容推定意志因素路径”；“行为人对构成要件实现完全不在乎”则是典型的情感“意志”因素标准。

综合说之所以被主张可能源自如下事实：间接故意是一种拟制的故意，是规范论上以“有”的方式对并不存在的意志因素的拟制。为严密处罚体系起见，必须弥合直接故意与轻信过失之间存在着的一个幅度即间接

① 许玉秀：《主观与客观之间——主观理论与客观归责》，法律出版社 2008 年版，第 73 页。

② 许玉秀：《主观与客观之间——主观理论与客观归责》，法律出版社 2008 年版，第 75—76 页。

故意。间接故意的意志因素左右着这一幅度，因此，被拟制的意志因素就必须通过存在着的情况证据表现出来。就情况证据而言，由于作为其重要组成部分的认识内容具有多样性，认识程度的不同自然导致意志因素证明力的差异，这就导致某些情况下补充情况证据的必要性。

（二）日本刑法理论中的代表性观点

与德国刑法理论如火如荼的争论不同，或许是认识到这种争论的实质意义不大（具体问题结论差异不大），或许是由于近几十年的日本刑法理论沉浸于对违法性本质的争论，无论如何可以明确的是，容认说的通说地位未被推翻，动机说、修正的动机说作为反对说实质上就是容认说的补充说、证明说。此外，盖然性说也被部分学者主张（如前田雅英教授），但由于和德国的盖然性说相似，此不赘述。

尽管也曾存在着意思说与表象说的对立，但由于两说本身的缺陷被修正说替代。其中，容认说是对意思说的修正；盖然性说是对表象说的修正。容认说——作为判例的立场、通说的观点,① 面临着因情绪性要素的不明确性而处罚故意范围不明确的质疑。② 进而，作为反对说代表者的动机说、修正的动机说兴起。前者认为，间接故意的成立以是否将构成要件的实现纳入行为人的意识或者意思过程中，并且行为意思是否以现实化作为标准，与之相对，构成要件的实现虽然一度浮现于行为人的意识之内，但还是对之加以否定并且实施了行为，则为过失。③ 可见，动机说是以是否确信并接受结果的发生为间接故意的评定标准。修正的动机说对动机说的修正之处在于，对后者附加了结果发生盖然性的要求。④

综上所述，与传统上对认识主义、意欲主义的争论不同，在日本，现在的争论已然发展到对间接故意的意志因素如何证明上来。无论是动机说

---

① ［日］大塚仁：《刑法概说》，冯军译，中国人民大学出版社 2003 年版，第 209—210 页。

② ［日］西田典之：《日本刑法总论》，刘明祥、王昭武译，中国人民大学出版社 2007 年版，第 171 页。

③ ［日］山口厚：《刑法总论》，付立庆译，中国人民大学出版社 2011 年版，第 200 页。

④ ［日］西田典之：《日本刑法总论》，刘明祥、王昭武译，中国人民大学出版社 2007 年版，第 171 页。

还是修正的动机说，都是将认定间接故意作为首要任务。

## 二、我国刑法理论对间接故意认定标准的研讨及其分析

我国刑法理论对于间接故意认定标准的研讨并不充分，代表观点有如下三种：可能性说、防果理论与综合说。

### （一）可能性说及其评价

该说认为，行为人对结果发生存在认识就能够肯定故意的成立。行为人对结果发生是否具有“容认”等意志态度是不必要的。持该观点的学者认为，所谓“有认识的过失”的说法是不合适的，过于自信的过失在主观上表现为盲目性过失，即因为主观上的盲目性，行为人否定了结果最终发生的可能性，在实施行为的时点上行为人对危害结果的发生没有认识。①在我国，持该种观点的学者数量很少。

认识主义的路径在国外刑法理论中并不鲜见，上述论者的思路可以归结为“认识+判断=故意”，即行为人认识到结果发生的可能性并且经过判断没有得出行为不发生结果的结论，就可以认定为故意。这就产生了一个问题：如果行为人不去判断结果发生的危险性是否认定为故意呢？脱离判断的认识对故意的认定意义有限。与之相关的一个问题是，轻信过失的行为人只是判断结果不会发生，其对结果发生危险性仍然有认识，否则就不会“轻信可以避免”了。轻信可以避免结果发生的行为人同样存在结果发生可能性的认识。

### （二）防果理论及其评价

防果理论认为，对于如何判断属于纯粹心理活动的不希望危害结果发生的自信和属于间接故意的放任，不从行为人是否避免结果发生做出过的努力来分析，是无法正确区分的。② 有学者观点与之相似并且提出了具体的评定标准：通常，轻信的依据首先主要体现为自身能力方面，如技术、经验、知识、体力等因素，其次是外在的他人预防行为或固有的预防措施以及自然现状等客观因素抑制结果发生的辅助作用。实践中可以根据所收

① 冯军：《刑事责任论》，法律出版社1996年版，第163、166页。

② 林亚刚：《犯罪过失研究》，武汉大学出版社2000年版，第235页。

集的证据来证明到底是否“放任”。①

防果理论与上文德国刑法理论中的“表现防果意思说”是相似的。当然也存在上文关于防果意思说的疑问：行为人没有防果意思不一定对结果发生持放任态度。防果行为是防果意思的情况证据，防果意思是非故意心态的情况证据。至于上文我国学者提出的具体标准，事实上是以客观的事态推定主观的心理，在行为人对此客观事态没有认识之时，问题就成了客观判断代替主观判断，对于法益保护而言，这是危险的。此外，行为人在事后表现出的所谓“防果意思”更加应当慎重对待，这种意思多数不是行为人真实意图的体现，行为人完全可以在行为人容认结果的发生，但行为完毕之后却因后悔而尽力防控结果的发生，事后防控行为不能否定行为人行为当时的实现构成要件的意思。

（三）综合说及其评价

综合说主要有三种表现形式：一是以容认说为基础，结合防果理论和盖然性理论来界定间接故意；二是容认理论与防果理论的结合；三是“容认+盖然+漠然+防果”的判断标准。② 综合说是根据间接故意本身不稳定、不定型的特质而量身打造的一种量体裁衣说。至于具体标准，下文在论述其合理性时会涉及。

## 三、综合说及其运用

本书认为，综合说是合理的，综合说的合理性通过具体问题解释的妥当性体现出来。因此，本部分首先论证综合说的合理性，再将其运用到具体问题的解决中去。

（一）综合说的合理性

正如上文所述，间接故意意志因素是一种规范立场的拟制。规范立场的拟制性质决定了这种意志在存在论上只能通过其他因素来证实。因此，多种方式的综合证明才是严密间接故意处罚范围的必要途径。如果没有相关因素的证明，恐怕这种间接故意的意志因素就只能停留在通过其他罪过

① 杜澎：《间接故意犯罪形态论》，载《法学家》2000年第2期。

② 李兰英：《间接故意研究》，武汉大学出版社2006年版，第189—190、200页。

形式的排除来实现，但这是不一定能够保证全面性的。

事实上，上述各种学说，除去作为基础而且被批为无用的“容认说”（从至少确认了意志因素必要地位的视角观察，该说尚存意义），基本上都是力图通过某种方式证明意志因素的存在：从弗兰克公式中的“无论如何都要行为”；希佩尔意欲论中的“宁愿结果发生也要行为”，到恩吉施的高度盖然性就等于法律意义的确定、迈耶的盖然性理论、考夫曼的表现防果意思、施特拉腾维特的认真的认为结果可能发生、罗克辛的真的估算结果发生的可能性却无论如何要行为以及雅科布斯的认真断定结果会发生，再到许洛德的综合说都彰显了意欲要素被描述的努力。在日本，新近的动机说与修正的动机说之所以对容认说提出挑战，就是因为容认的标准极为不明确，法安定性无法得到确证。此外，我国学者在综合说上所做的努力也是有目共睹的。

既然综合说的合理性不仅可以从要素关系上得以明证，而且可以从学说实质上得到证实，那么，如何运用综合说（提出具体的可操作标准）就是接下来的任务。

本书从多重视角入手建构综合说：从认识因素上观察，一方面，认识到结果发生的盖然性是行为人对结果“放任”的证明。这是因为，“在认知程度高到一定程度时，也就是认为风险实现可能性相当高时，就一个受过法的训练，对于法秩序有维护诚意的人而言，他对法秩序受到破坏的容忍度自然比较低，在别人利益和自己利益的衡量上，也会比较谨慎，要求有这种认知的人，抑制行为的冲动，并不是不合理的要求，反过来说，如果这时候他仍然采取行动，已经是对结果莫可如何的态度，这并不是说依外在行动推断意欲，而是这个时候行为人对于原来所要实现的意欲，强过避免附随效果发生的意欲，对于附随效果的发生，行为人的心态用容忍说明，并无不当”。①

另一方面，当认识到结果发生的概率并未达到盖然性的程度时，行为结果发生的概率对行为人反对动机形成的能量也不如盖然性那么大，以认识直接推定意志是不合适的。这时，对行为人“放任”结果的发生需要运

① 许玉秀：《主观与客观之间——主观理论与客观归责》，法律出版社 2008 年版，第 106 页。

用“表现防果意思”的标准，即行为人是否具有能够避免结果发生的行为，但是这里的行为效果必须是行为人能力相关联的效果，换言之，一般人标准的引入事实上是对“表现防果意思说”的侵蚀，因此，应当避免先入为主，在运用该说时，首先从行为人能力的把握入手，否则，一般人根深蒂固的植入判断者的思维中只能带来该说的无用。此外，表现防果意思的行为必须是行为实施完毕之前的行为。从情感因素观察，行为人如果对结果的发生持无所谓、不在乎或者根本没有任何情感体验之时，基本就能确定行为人对结果发生的“放任”态度。这是基本是对漠然说的运用（当然，去掉了该说中的“认识+意志”的思路）。

此外，容认说是无论如何不能成为判断标准的，这是因为，容认说本身就是不明确的。上述学说的提出本身就是容认说不能守护意欲要素必要论的地位的产物。正如学者所说，德国刑法理论中的意欲要素必要说之所以对容认说做出补充，就是因为该说对于依照什么标准来判断或证明容认结果发生是不明确的。[①] “德国实务通说所采的容认说，本质上也是综合说，因为对结果的认可地接受。认可地容忍，并非判断标准，只是一个最后的检验公式，它表现出一个意义——意欲要素必要论：任何被认定为故意的行为，必须是已经具备意欲要素。实例判断时，仍需依赖各说所提出的判断标准。”[②] 事实上，日本刑法理论中的动机说就比容认说在说理上更为优越。这些事实都反映出容认说对“放任”的判断无能为力。

（二）综合说的具体运用

本书采取了“防果+盖然+漠然”的间接故意认定标准。下面将以具体运用展现其合理性。

在皮带案中，当被害人苏醒之时，被告人不像第一次那样，而是勒紧了皮带，时间很长，直到被害人不再动弹不再发出任何声音。既然行为人第一次那样勒紧皮带就使得被害人晕在床上，行为人就已经知晓比第一次程度大、时间长的第二次勒紧行为对被害人生命有巨大危险，行为人之后的长时间勒紧皮带正说明其对最终结果的不在乎。在拿出物品后，才注意

① 林珏雄：《新刑法总则》，中国人民大学出版社 2009 年版，第 150 页。

② 许玉秀：《主观与客观之间——主观理论与客观归责》，法律出版社 2008 年版，第 119 页。

被害人是否死亡并且在没有唤醒被害人就离开的行为也是这种不在乎的体现。正如上文所述，事后的努力行为并非防果意思的体现，不能排除故意。

作为事实上引发新一轮争论的德国最高法院关于艾滋病案件的判决虽然遭到很大质疑，但其案情却十分有价值。该案案情如下：行为人明知自己已被艾滋病感染，在医生详细地告诉他每一次无保护措施的性行为，无论是否射精，都有感染疾病的危险的前提下，没有告知同性恋伙伴就与之性交。其中一个先是没有用避孕套进行肛交，不时中断，于是他戴上避孕套继续性交。① 在此案中，行为人在没有使用防护措施进行性交之时，就已经对感染对方疾病的可能性具有清晰的认识（概率高低不考虑），在此情形下，行为人没有展现出防果意思（适用避孕套）就已经显现出对结果发生的“放任”。至于其之后的使用避孕套的行为，并不能否定其之前行为是对结果的意欲，这也反映出防果意思对结果抑制力（在行为人看来）必须足够有效才能成为否定故意的依据。事实上，刑法理论反对该判决的理由是行为导致感染的概率十分低，行为人完全可以说对结果无意欲，但是，行为导致结果概率的低微只能说明行为人对结果发生的部分情感体验，并不能否认就这一次的性行为已然做出法益侵害的决定。概率的高低是统计学数据，那百分之几的概率可能就发生在这一次行为上。

行为人 A 在限速 40 公里的市区道路上以接近 80 公里的时速飙车，为避免撞击行人，行为人 A 一边继续超速飙车，一边猛鸣喇叭让人闪避。不幸的是，路人甲在经过某黄灯路口时仍被刹车不及的行为人撞死。② 在此案中，行为人 A 在市区、限速的道路上超越限速一倍的速度飙车的事实，反映出行为具有导致别人死亡的高度可能性（盖然性），一边猛鸣喇叭一边躲避的行为也不是防果行为，因为行为人将避免结果发生的义务转嫁给处于不能控制或很难控制风险中的路人，这也不能反映行为人的防果意思，当然，除非行为人是傻子（确信这种行为的效果），但既然通过路考，就当然排除了这种可能性。于是，在盖然的危险面前，行为人对结果发生

---

① ［德］克劳斯·罗克辛：《德国最高法院判例刑法总论》，何庆仁、蔡桂生译，中国人民大学出版社 2012 年版，第 16 页。

② 林珏雄：《新刑法总则》，中国人民大学出版社 2009 年版，第 139 页。

的“放任”已然彰显得淋漓尽致，认定为故意犯罪无可置疑。

综上，刑法理论之所以对“放任”“希望不”“不希望”之间的关系存在争论，就是因为并非一以贯之地将“希望”视为意志因素。“放任”既不同于“希望不”，又不同于“不希望”。作为规范拟制的意志因素，“放任”的实体内容是：行为人从规范要求的反面出发，在行为产生法益侵害危险之时不去阻止结果的发生，就是做出了法益侵害的决定。“放任”对象的双重可能性，决定了间接故意心态不存在犯罪目的，但这并不能否定间接故意犯罪中存在犯罪目的。间接故意犯罪未能出现实害结果，并不意味着间接故意犯罪不存在未遂形态。毕竟基本构成要件的未能实现，并不能否定行为符合修正的构成要件。自20世纪中叶开始，在德国刑法理论中，意志因素不要论重新抬头。系统的梳理意志因素不要论的论理，无论是可能性说、客观认真说，还是风险说、故意危险说，都无法摆脱意志因素的“阴影”。与之相对，意志因素必要论也在意识到“容认”标准的不可操作性之后，极力完善“容认”的认定标准。在日本，虽然动机说与修正的动机说是以反对“容认说”的面目示人，但与其说上述两说是对“容认说”的颠覆，不如说其是力图建构“容认”的判断标准。整理上述理论争议之后，所有的线索都指向了间接故意意志因素的认定标准。考虑到“放任”（或“容认”）本身不是一个确定的点，而是一个幅度概念的事实，应当以认识因素、情感因素以及意志因素的辩证关系为基础，以盖然性认识、表现防果意思、漠然情感与行为决定为核心标准，构建间接故意意志因素的综合认定标准。

# 结　论

## 一、故意的本质

故意的本质应当是，行为人对刑法所保护价值敌视、蔑视的人格态度。

## 二、故意的事实性认识

故意事实性认识的内容包括：行为与结果的内容及其社会意义。作为上述内容的延伸，特殊身份、犯罪对象的状态，由于可以影响到对行为与结果社会意义的认识，应当成为故意的认识内容；而作为一种立法拟制的刑事责任年龄，则不应成为故意的认识内容；至于刑法分则规定的特定时间、地点、方法，由于其可以影响对犯罪对象状态的认识，也应当是故意的认识内容。

## 三、错误论视角下因果关系不是故意的认识内容

客观不法在不法判断中的定向作用与对应原理相结合，推导出因果关系认识作为故意内容的结论。然而，在错误论的视角下，现有的因果关系认识必要说都是因果关系认识不要说。坚持主观不法在不法判断中的核心地位，同时将因果关系逐出作为对应原理判断标准的客观构成要件，也能在因果关系错误事例中得出不违背法感情的结论。因此，因果关系不是故意的认识内容。

## 四、违法性认识的本体研究

语言翻译的歧误、事后评价与评价性认识的混同、反对动机的形成与拟制的理性人相结合以及立法规定等因素，导致了违法性认识概念的争议。与之相对，责任说的盛行、证明方式的推动、构成要件的限制以及违法性认识概念与违法性认识学说的结合，事实上将违法性认识的概念争议细微化。本书以违法性认识理论学说与违法性认识概念的对应关系为基础，结合违法性认识错误不可避免性的判断标准，以表格的形式整理出了违法性认识概念学说间的实质争议，即信赖有效的、错误判决或解释而行为、超越前法律规范涵摄范围的行政犯的处罚、违法性认识可能性与责任形式的对应关系。违法性认识中的“法”是整体、价值、观念意义上的“法”。

## 五、无消极的构成要件要素的认识应当成为故意的要素

诸如假想防卫等容许构成要件错误问题，无论是在我国刑法理论还是德日刑法理论中，都亟待得到合理的解释。严格故意说存在处罚的随意性、处罚漏洞等一系列问题，故意说为弥补处罚漏洞所衍生的限制故意说又与故意本质相冲突。故意说最大的问题是将事实故意与不法意识这两种性质不同的要素统一于故意概念之下。在将故意与不法意识分离的责任说内部，最初的限制责任说、指明法律效果的责任说与消极构成要件理论都致力于妥当解决容许构成要件错误。在妥当解决容许构成要件错误是否阻却故意、“回旋飞碟”现象、恶意参加人的处罚边界以及整体不法构成要件理论面临的质疑等问题后，消极构成要件理论脱颖而出。消极构成要件理论所建构的故意概念有助于妥当解决防卫过当、假想防卫过当、防卫第三人、防卫不适时等的罪过问题，该概念也可以在我国《刑法》第十四条的规定中得到合理解释。故意是行为人认识到符合客观构成要件的事实并且无阻却违法事由认识的情况下，希望或者放任结果发生的心理态度。

## 六、间接故意的学理认定

认识到结果发生的盖然性是行为人对结果“放任”的证明。当认识到结果发生的概率并未达到盖然性的程度时，行为结果发生的概率对行为人

反对动机形成的能量也不如盖然性那么大，以认识直接推定意志是不合适的。这时，对行为人“放任”结果的发生需要运用“表现防果意思”的标准，即行为人是否具有能够避免结果发生的行为。行为人如果对结果的发生持无所谓、不在乎或者根本没有任何情感体验之时，基本就能确定行为人对结果发生的“放任”态度。

# 参考文献

## 一、中文类参考文献

### （一）著作类

［1］陈忠林：《刑法散得集》，法律出版社 2003 年版。

［2］杨芳：《犯罪故意研究》，中国人民公安大学出版社 2006 年版。

［3］陈金全：《中国法律思想史》，法律出版社 2001 年版。

［4］蔡枢衡：《中国刑法史》，中国法制出版社 2005 年版。

［5］姜伟：《罪过形式论》，北京大学出版社 2008 年版。

［6］贾宇：《罪与刑的思辨》，法律出版社 2004 年版。

［7］陈盛清：《外国法制史》，北京大学出版社 1982 年版。

［8］许玉秀：《主观与客观之间——主观理论与客观归责》，法律出版社 2008 年版。

［9］李兰英：《间接故意研究》，武汉大学出版社 2006 年版。

［10］于志刚译：《芬兰刑法典》，中国方正出版社 2005 年版。

［11］黄道秀译：《俄罗斯联邦刑法典》，中国法制出版社 2004 年版。

［12］黄风译：《意大利刑法典》，中国政法大学出版社 1998 年版。

［13］陈志军译：《葡萄牙刑法典》，中国人民公安大学出版社 2010 年版。

［14］黄荣坚：《基础刑法学（上）》，中国人民大学出版社 2009 年版。

［15］徐久生译：《瑞士联邦刑法典》，中国法制出版社 1999 年版。

［16］陈志军译：《巴西刑法典》，中国人民公安大学出版社 2009 年版。

［17］［韩］金永哲译：《韩国刑法典及单行刑法》，中国人民公安大学出版社 1966 年版。

［18］中国社会科学院语言研究所词典编辑室：《现代汉语词典》，商务印书馆 1996 年版。

［19］彭聃龄：《普通心理学》，北京师范大学出版社 2004 年版。

［20］洪福增：《刑事责任之理论》，刑事法杂志社 1988 年刊印。

［21］张明楷：《刑法学》，法律出版社 2007 年版。

［22］高铭暄、马克昌：《刑法学》，北京大学出版社、高等教育出版社 2007 年版。

［23］陈兴良：《共同犯罪论》，中国社会科学出版社 1992 年版。

［24］孟昭兰：《普通心理学》，北京大学出版社 1994 年版。

［25］李永升：《犯罪论前沿问题研究》，中山大学出版社 2009 年版。

［26］付立庆：《犯罪构成理论：比较研究与路径选择》，法律出版社 2010 年版。

［27］周光权：《刑法总论》，中国人民大学出版社 2007 年版。

［28］储槐植：《美国刑法（第三版）》，北京大学出版社 2005 年版。

［29］［日］野村稔：《刑法总论》，全理其、何力译，法律出版社 2001 年版。

［30］张明楷：《外国刑法纲要》，清华大学出版社 2007 年版。

［31］林东茂：《一个知识论上的刑法学思考》，中国人民大学出版社 2009 年版。

［32］［日］山口厚：《刑法总论》，付立庆译，中国人民大学出版社 2011 年版。

［33］［德］克劳斯·罗克辛：《德国刑法学总论》，王世洲译，法律出版社 2005 年版。

［34］张小虎：《犯罪论的比较与建构》，北京大学出版社 2006 年版。

［35］［德］汉斯·海因里希·耶塞克、托马斯·魏根特：《德国刑法教科书》，徐久生译，中国法制出版社 2001 年版。

［36］［日］大塚仁：《刑法概说》，冯军译，中国人民大学出版社 2003 年版。

［37］陈兴良：《本体刑法学》，商务印书馆 2001 年版。

[38] [日] 西田典之:《日本刑法总论》,刘明祥、王昭武译,中国人民大学出版社 2009 年版。

[39] 李洁:《犯罪对象研究》,中国政法大学出版社 1998 年版。

[40] [德] 冈特·斯特拉腾韦特、洛塔尔·库伦:《刑法总论 I——犯罪论》,杨萌译,法律出版社 2006 年版。

[41] 费孝通:《乡土中国》,上海世纪出版集团 2007 年版。

[42] 陈兴良:《刑法哲学》,中国政法大学出版社 1992 年版。

[43] 马克昌:《犯罪通论》,武汉大学出版社 1999 年版。

[44] 冯军:《刑事责任论》,法律出版社 1996 年版。

[45] [苏] 契柯瓦则:《苏维埃刑法总则(中)》,中国人民大学刑法教研室译,中国人民大学出版社 1964 年版。

[46] 陈兴良:《刑法适用总论》,法律出版社 1999 年版。

[47] 李光灿、马克昌、罗平:《论共同犯罪》,中国政法大学出版社 1987 年版。

[48] 田鹏辉:《片面共犯研究》,中国检察出版社 2005 年版。

[49] 刘明祥:《刑法中的错误论》,中国检察出版社 2004 年版。

[50] 杨兴培:《刑法新理念》,上海交通大学出版社 2000 年版。

[51] [德] 约翰内斯·韦塞尔斯:《德国刑法总论》,李昌珂译,法律出版社 2008 年版。

[52] [日] 大谷实:《刑法总论讲义》,黎宏译,中国人民大学出版社 2008 年版。

[53] 林珏雄:《新刑法总则》,中国人民大学出版社 2009 年版。

[54] 许久生、庄敬华译:《德国刑法典》,中国方正出版社 2004 年版。

[55] [德] 李斯特:《德国刑法教科书》,许久生译,法律出版社 2006 年版。

[56] 陈忠林:《违法性认识》,北京大学出版社 2006 年版。

[57] 田宏杰:《违法性认识研究》,中国政法大学出版社 1998 年版。

[58] [俄] Л. В. 伊诺加莫娃—海格:《俄罗斯联邦刑法(总论)》,黄芳、刘阳、冯坤译,中国人民大学出版社 2010 年版。

[59] [苏] Н. А. 别利亚耶夫、М. Л. 科瓦廖夫:《苏维埃刑法总论》,马改秀、张广贤译,群众出版社 1987 年版。

［60］赵长青：《刑法学》，法律出版社 2000 年版。

［61］黎宏：《日本刑法精义》，法律出版社 2008 年版。

［62］马克昌：《比较刑法原理》，武汉大学出版社 2002 年版。

［63］于洪伟：《违法性认识理论研究》，中国人民公安大学出版社 2007 年版。

［64］［日］川端博：《刑法总论》，余振华译，元照出版公司 2008 年版。

［65］冯军译：《德国刑法典》，中国政法大学出版社 2000 年版。

［66］［德］阿图尔·考夫曼：《法律哲学》，刘幸义等译，法律出版社 2011 年版。

［67］余振华：《刑法违法性理论》，元照出版有限公司 2001 年版。

［68］林山田：《刑法通论（上册）》，元照出版有限公司 2008 年版。

［69］［德］安塞尔姆·里特尔·冯·费尔巴哈：《德国刑法教科书》，徐久生译，中国方正出版社 2010 年版。

［70］［美］E. 博登海默：《法理学：法律哲学与法律方法》，邓正来译，中国政法大学出版社 2004 年版。

［71］张明楷译：《日本刑法典》，法律出版社 2006 年版。

［72］林东茂：《刑法综览》，中国人民大学出版社 2009 年版。

［73］黄荣坚：《刑罚的极限》，元照出版公司 1998 年版。

［74］［德］克劳斯·罗克辛：《德国最高法院判例刑法总论》，何庆仁、蔡桂生译，中国人民大学出版社 2012 年版。

［75］侯国云、白岫云：《新刑法疑难问题解析与适用——兼论新刑法中的矛盾和缺陷》，中国检察出版社 1998 年版。

［76］王作富：《中国刑法适用》，中国人民公安大学出版社 1987 年版。

［77］高铭暄：《刑法学》，法律出版社 1982 年版。

［78］［意］杜里奥·帕多瓦尼：《意大利刑法学原理（注评版）》，陈忠林译评，中国人民大学出版社 2004 年版。

［79］［英］J. C. 史密斯、B. 霍根：《英国刑法》，李贵方等译，法律出版社 2001 年版。

［80］［美］约书亚·德雷斯勒：《美国刑法精解》，王秀梅等译，北京大学出版社 2009 年版。

［81］韩忠谟：《刑法原理》，中国政法大学出版社 2002 年版。

[82] 林亚刚:《犯罪过失研究》,武汉大学出版社 2000 年版。

[83] 郑建才:《刑法总论》,三民书局 1985 年版。

[84] 张灏:《中国刑法理论及实用》,三民书局 1980 年版。

[85] 高仰止:《刑法总则之理论与实用》,五南图书出版公司 1986 年版。

[86] 高铭暄:《中国刑法学》,中国人民大学出版社 1989 年版。

[87] 黎宏:《刑法总论问题思考》,中国人民大学出版社 2007 年版。

[88] [德] 卡尔·拉伦茨:《法学方法论》,陈爱娥译,五南图书出版公司 1996 年版。

[89] 张明楷:《行为无价值论与结果无价值论》,北京大学出版社 2012 年版。

[90] 马克昌:《近代西方刑法学说史略》,中国检察出版社 1996 年版。

[91] 赵秉志:《刑法学通论》,高等教育出版社 1993 年版。

[92] 张明楷:《未遂犯论》,法律出版社 1997 年版。

[93] 李韧夫:《犯罪过错论》,吉林大学出版社 1983 年版。

[94] 王作富:《刑法论衡》,法律出版社 2004 年版。

[95] 张明楷:《刑法的基本立场》,中国法制出版社 2002 年版。

[96] [日] 西原春夫:《刑法的根基与哲学》,顾肖荣等译,法律出版社 2004 年版。

[97] [日] 山口厚:《从新判例看刑法》,付立庆、刘隽译,中国人民大学出版社 2009 年版。

[98] [日] 大塚仁:《犯罪论的基本问题》,冯军译,中国政法大学出版社 1993 年版。

[99] [日] 高桥则夫:《共犯体系和共犯理论》,冯军、毛乃纯译,中国人民大学出版社 2010 年版。

[100] [日] 西原春夫:《犯罪实行行为论》,戴波、江溯译,北京大学出版社 2006 年版。

[101] [日] 高桥则夫:《规范论与刑法解释论》,戴波、李世阳译,中国人民大学出版社 2011 年版。

(二) 论文类

[102] 黄荣坚:《故意的定义与定位》,载《台大法学论丛》第 28 卷

第 1 期。

[103] 贾宇：《论犯罪故意中的事实认识》，载《法制与社会发展》1997 年第 3 期。

[104] 韩玲：《共同犯罪的罪过形式研究》，吉林大学博士学位论文 2006 年。

[105] 张波：《罪过基本问题研究》，西南政法大学博士学位论文 2008 年。

[106] 肖中华：《片面共犯与间接正犯观念之破与立》，载《云南法学》2000 年第 3 期。

[107] 卢芳：《片面共犯研究》，载《广西政法管理干部学院学报》2003 年第 2 期。

[108] 桂亚胜：《故意犯罪的主观构造及其展开》，华东政法大学博士学位论文 2006 年。

[109] 蔡圣伟：《谋事在人　成事在天——论因果历程偏离于现代犯罪论体系中的定位》，月旦法学知识库数位出版部重新编辑。

[110] 许玉秀：《犯罪阶层理论（上）》，月旦法学知识库数位出版部重新编辑。

[111] 徐育安：《费尔巴哈之故意理论及其影响——以德国法为核心》，载《政大法学评论》第 109 期。

[112] 刘艳红：《客观归责理论——质疑与反思》，载《中外法学》2011 年第 6 期。

[113] 许玉秀：《犯罪阶层体系方法论初探》，载《政大法学评论》第 60 期。

[114] 周光权：《客观归责理论的方法论意义——兼与刘艳红教授商榷》，载《中外法学》2012 年第 2 期。

[115] 苏俊雄：《从刑法因果关系学说到新客观归责理论之巡历》，载《法学家》1997 年第 3 期。

[116] 张云鹏、路军：《论特定明知之推定认定》，载《辽宁大学学报》2009 年第 4 期。

[117] 陈兴良：《社会危害性理论——一个反思性检讨》，载《法学研究》2000 年第 1 期。

[118] 陈兴良：《社会危害性理论：进一步的批判性清理》，载《中国法学》2006年第4期。

[119] 刘艳红、万桂荣：《论犯罪故意中的违法性认识》，载《江海学刊》2003年第5期。

[120] 周晶敏：《违法性意识：故意犯罪之要件》，载《法学》2003年第3期。

[121] 谢望原、柳忠卫：《犯罪成立视野中的违法性认识》，载《法学评论》2003年第3期。

[122] 莫晓宇：《知与恶——犯罪故意中的违法性认识》，载《法学评论》2006年第4期。

[123] 方加亮：《违法性认识解读》，载《河南社会科学》2003年第4期。

[124] 闻建华、陈勇、罗鹏：《再论刑法的违法性认识》，载《西南民族大学学报（人文社科版）》第26卷第9期。

[125] 陈兴良：《违法性认识研究》，载《中国法学》2005年第4期。

[126] 吴念胜：《犯罪故意成立：违法性认识还是危害性认识》，载《政法学刊》2008年第5期。

[127] 周光权：《违法性认识不是故意的要素》，载《中国法学》2006年第1期。

[128] 朱炜、王洁：《社会危害性认识在犯罪故意中的地位再商榷》，载《江西社会科学》2005年第11期。

[129] 童之伟、李希慧：《违法性认识在故意犯罪成立中的地位》，载《石油大学学报（社会科学版）》2003年第5期。

[130] 齐文远：《论犯罪的故意》，湖北财经学院硕士论文1985年。

[131] 贾宇：《论违法性认识应成为犯罪故意的必备要件》，载《法律科学》1997年第3期。

[132] 张阳：《犯罪故意成立视野下的违法性认识》，载《石油大学学报（社会科学版）》2005年第4期。

[133] 王皇玉：《原住民犯罪不法意识之研究——评新竹县尖石乡风倒木窃取案件》，月旦法学数据库编辑。

[134] 劳东燕：《责任主义与违法性认识问题》，载《中国法学》

2008 年第 3 期。

［135］刘为波：《放任包括不希望的态度》，载《法学》1999 年第 11 期。

［136］张少林、刘源：《刑法中的“明知”、“应知”与“怀疑”探析》，载《政治与法律》2009 年第 3 期。

［137］刘为波、牛克乾：《放任的心理定性》，载《政治与法律》2002 年第 4 期。

［138］陈建国：《试论间接故意杀人罪的构成》，载《法学杂志》1981 年第 2 期。

［139］夏卫民：《间接故意浅析》，载《法学季刊》1982 年第 3 期。

［140］杜澎：《间接故意犯罪形态论》，载《法学家》2000 年第 2 期。

［141］张爽：《论具体对象错误与具体方法错误的区分》，载《法学评论》2011 年第 4 期。

［142］张明楷：《论具体的方法错误》，载《中外法学》2008 年第 2 期。

［143］何洋：《论打击错误之处理原则——具体符合说之提倡》，载《河北法学》2012 年第 1 期。

［144］汪建成、何诗扬：《刑事推定若干基本理论之研讨》，载《法学》2008 年第 6 期。

［145］龙宗智：《推定的界限及其适用》，载《法学研究》2008 年第 1 期。

［146］赵丹：《故意伤害罪司法适用研究》，吉林大学博士学位论文 2012 年。

［147］陈兴良：《“应当知道”的刑法界说》，载《法学》2005 年第 7 期。

［148］周光权：《明知与刑事推定》，载《现代法学》2009 年第 2 期。

［149］王新：《我国刑法中“明知”的含义和认定——基于刑事立法和司法解释的分析》，载《法制与社会发展》2013 年第 1 期。

［150］皮勇、黄琰：《论刑法中的“应当知道”——兼论刑法边界的扩张》，载《法学评论》2012 年第 1 期。

［151］柏浪涛：《狭义的因果错误与故意归责的实现》，载《法学》2016 年第 3 期。

［152］陈璇：《论防卫过当与犯罪故意的兼容——兼从比较法的角度

重构正当防卫的主观要件》，载《法学》2011 年第 1 期。

［153］柏浪涛：《构成要件错误的本质：故意行为危险的偏离》，载《法学研究》2018 年第 3 期。

## 二、外文类参考文献

［154］［日］木村龟二：《刑法学入门》，有斐阁 1957 年版。

［155］［日］平野龙一：《刑法总论 I》，有斐阁 1972 年版。

# 后 记

过去十年可谓刑法知识转型最为剧烈的一旬。无论是否情愿，身处学术潮流中心的刑法学人都不能置身事外。我也有幸参与其中。

十年前，我将重构故意概念的切入点选定为阻却违法事由事实前提的错误；十年后，我自认为所秉持的理论能够妥当回应批评并能避免与立法冲突。十年前，错误论的研究旨在说明何为作为故意反面的错误；十年后，以主观不法为核心重构错误论的判断标准，可以因果关系错误与打击错误的教义学方案整合在一起。十年前，违法性认识替代危害性认识的呼声不绝于耳；十年后，规范评价性认识与故意的分离理所当然。可以想见，刑法知识的精细化、规范化已然成为大势所趋，刑法学人要勇立潮头自然离不开与时俱进的汲取与思索。

在客观归责理论"霸屏"学界的过往十年里，故意论俨然已"退居二线"。然而，深入剖析客观归责理论以客观不法对抗主观不法的初衷，方知以故意为核心的主观不法论尚饱含生命力。无论是对应原理、构成要件机能，还是规范评价性认知、错误论，深层次的纠葛永远绕不开故意理论。直到现在，行为人的特殊认知问题仍旧是困扰客观不法论者的"阿喀琉斯之踵"。或许正是故意论特殊的魅力吸引着一辈辈的刑法学人，鞭策着学界由"是什么"出发探究"为什么"。本书的若干研究正是以之为出发点和落脚点。

后记总免不了感谢，下面的感激却不是套话。天堂里的奶奶和重症病房里的爷爷始终是我一路走来的精神支柱；爸妈的苍老与我的点滴所得成正比；纯真的妻子、可爱的女儿赋予我责任感、使命感；恩师陈忠林教授所倡导的良心思维、不害人底线是我的座右铭。虽然到目前为止我尚在适应由学生到教师的角色转变，但是，我相信相遇是缘分、万物皆美好。

**张健一**

**辛丑年七月　安德门**